Dorothea Ensel · Gabriele Stiegler (Hrsg.)

„Ein Stück Himmel"

Zeitschrift für Psychodrama und Soziometrie

Sonderheft 2 | 2010

Dorothea Ensel
Gabriele Stiegler (Hrsg.)

„Ein Stück Himmel"

Psychodramatikerinnen
begegnen sich

ZPS
Zeitschrift für Psychodrama und Soziometrie

www.zps-digital.de

Redaktion:
Dr. Ulrike Fangauf (Frankfurt/M.), Dr. Manfred Gellert (Gelnhausen),
Stefan Gunkel (Hannover), Sabine Kern (Wien), Dr. Reinhard T. Krüger (Hannover),
Sabine Spitzer-Prochazka (Wien), Christian Stadler (Dachau), Dr. Falko von Ameln (Norden)

in Zusammenarbeit mit der
Fachsektion für Psychodrama, Soziometrie und Rollenspiel im Österreichischen Arbeitskreis für Gruppenpsychotherapie und Gruppendynamik (ÖAGG) sowie dem Deutschen Fachverband für Psychodrama (DFP) und der Sektion Psychodrama im Deutschen Arbeitskreis für Gruppenpsychotherapie und Gruppendynamik (DAGG)
Anschrift: Redaktion ZPS, Jocherstraße 7b, 85221 Dachau, e-mail: praxisstadler@arcor.de

Wissenschaftlicher Beirat:
Adam Blatner, M.D. (Georgetown, USA), Prof. Dr. Ferdinand Buer (Münster), Dr. José Fonseca (Sao Paolo, Brasilien), Dr. Jutta Fürst (Hall, Austria), Marcia Karp (London, England), David Kipper, Ph.D. (Chicago, USA), Dr. Grete A. Leutz (Überlingen), Prof. Dr. René Marineau (Montreal, Kanada), Zerka T. Moreno (Charlottesville, USA), Prof. Dr. Klaus Ottomeyer (Klagenfurt, Austria), Hildegard Pruckner MSc (Wien), Prof. Dr. Christa Rohde-Dachser (Frankfurt/M.), Eva Røine (Oslo, Norwegen), Dr. Michael Schacht (Münster), Dr. Meinolf Schönke (Münster), Prof. Anne Ancelin Schützenberger (Paris, France), Dr. Uwe Seeger (Bad Zwesten), Prof. Heika Straub (Stuttgart), Prof. Dr. Franz Stimmer (Lüneburg), Dr. Kurt Weber (Würzburg), Dr. Antony Williams (Melbourne, Australia)

VS Verlag für Sozialwissenschaften | Springer Fachmedien Wiesbaden GmbH
Abraham-Lincoln-Straße 46 | D-65189 Wiesbaden
Amtsgericht Wiesbaden, HRB 9754 | USt-IdNr. DE811148419

Geschäftsführer: Dr. Ralf Birkelbach (Vors.)   Gesamtleitung Anzeigen und Märkte: Armin Gross
Armin Gross   Gesamtleitung Marketing: Rolf-Günther Hobbeling
Albrecht F. Schirmacher   Gesamtleitung Produktion: Christian Staral
Gesamtleitung Vertrieb: Gabriel Göttlinger

Abonnentenbetreuung: Ursula Müller; Telefon: (0 52 41) 80 19 65; Telefax: (0 52 41) 80 96 20
E-Mail: vs@abo-service.info
Marketing: Ronald Schmidt-Serrière M.A.; Telefon: (06 11) 78 78-280; Telefax: (06 11) 78 78-439
E-Mail: Ronald.Schmidt-Serriere@vs-verlag.de
Anzeigenleitung: Bianca Matzek; Telefon: (06 11) 78 78-321; Telefax: (06 11) 78 78-430
E-Mail: Bianca.Matzek@best-ad-media.de
Anzeigendisposition: Monika Dannenberg; Telefon: (06 11) 78 78-148; Telefax: (06 11) 78 78-443
E-Mail: Monika.Dannenberg@best-ad-media.de
Anzeigenpreise: Es gelten die Mediadaten vom 1.11.2009
Produktion/Layout: Dagmar Orth; Telefon: (0 62 21) 48 78-902
E-Mail: Dagmar.Orth@springer.com

Bezugsmöglichkeiten 2010: Jährlich erscheinen 2 Hefte. Jahresabonnement/privat (print+online) € 56,–; Jahresabonnement/privat (nur online) € 39,–; Jahresabonnement/Bibliotheken (nur print) € 158,–; Jahresabonnement/Institutionen (nur print) € 89,–; Jahresabonnement Studenten/Emeritus (print+online) – bei Vorlage einer Studienbescheinigung € 24,–. Alle Printpreise zuzüglich Versandkosten. Alle Preise und Versandkosten unterliegen der Preisbindung. Die Bezugspreise enthalten die gültige Mehrwertsteuer. Kündigungen des Abonnements müssen spätestens 6 Wochen vor Ablauf des Bezugszeitraumes schriftlich mit Nennung der Kundennummer erfolgen. Zuschriften, die den Vertrieb oder Anzeigen betreffen, bitte nur an den Verlag.
Jährlich können Sonderhefte erscheinen, die nach Umfang berechnet und den Abonnenten des laufenden Jahrgangs mit einem Nachlass von 25% Rabatt des jeweiligen Ladenpreises geliefert werden. Bei Nichtgefallen können die Sonderhefte innerhalb einer Frist von 3 Wochen zurückgegeben werden.

© VS Verlag für Sozialwissenschaften | Springer Fachmedien Wiesbaden GmbH 2011
VS Verlag für Sozialwissenschaften ist eine Marke von Springer Fachmedien.
Springer Fachmedien ist Teil der Fachverlagsgruppe Springer Science+Business Media.

Alle Rechte vorbehalten. Kein Teil dieser Zeitschrift darf ohne schriftliche Genehmigung des Verlages vervielfältigt oder verbreitet werden. Unter dieses Verbot fällt insbesondere die gewerbliche Vervielfältigung per Kopie, die Aufnahme in elektronische Datenbanken und die Vervielfältigung auf CD-Rom und allen anderen elektronischen Datenträgern.

Umschlaggestaltung: KünkelLopka Medienentwicklung, Heidelberg
Druck und buchbinderische Verarbeitung: STRAUSS GMBH, Mörlenbach
Gedruckt auf säurefreiem und chlorfrei gebleichtem Papier

ISBN 978-3-531-17970-4   ISSN 1619-5507 (Print)   ISSN 1862-2526 (Online)

Maria Wirth
(1895–1969)
mit Dank gewidmet

Inhalt

„Make Psychodrama a little bit of heaven."
Zerka T. Moreno

Editorial 9

Vorwort 13

I. Fasziniert mitbegründen

„Sie ist ein völlig eigenständiger Genius" 17
  Im Gespräch mit Zerka T. Moreno

II. Begeistert entwickeln

„Seit fünfzig Jahren arbeite ich mit dieser spannenden Methode" 25
  Im Gespräch mit Prof. Heika Straub

„Jedes Psychodrama ist eine Offenbarung" 43
  Im Gespräch mit Dr. Grete A. Leutz

„Wir sind alle Schöpferinnen und Schöpfer" 59
  Im Gespräch mit Dr. Ella Mae Shearon

III. Grenzenlos experimentieren

„Die Anfänge waren wilde Zeiten" 73
  Im Gespräch mit Sarah H. Kirchknopf

„Wir wollten Psychodrama machen!" 85
  Im Gespräch mit Ildikó Mävers

„Aus dem Vollen schöpfen" 105
  Im Gespräch mit Agnes Dudler

„Ich verstehe mich als inneres Sprachrohr des Protagonisten" 125
  Im Gespräch mit Martha Sonntag

IV. Angesteckt weitergeben

„Ich war sofort Feuer und Flamme" 139
    Im Gespräch mit Gabriele Stiegler

„Frauen nehmen sich ihre Bühne" 147
    Im Gespräch mit Dorothea Ensel

V. Neugierig suchen

Birgit Steinbeck 157
Heike Hädrich 161
Michaela Jung 165
Kathleen Reimann 171
Stefanie Artelt 177

Danksagung 179

Psychodrama in Deutschland 181

Editorial

> Tradition ist die Bewahrung des Feuers
> und nicht die Anbetung der Asche
> (Gustav Mahler)

Über Jahre hinweg haben Dorothea Ensel und Gabriele Stiegler, angeregt durch ihre eigenen Erfahrungen mit Morenos triadischem System, Psychodramatikerinnen besucht und mit ihnen gesprochen über das Psychodrama und wie es mit ihrem Leben, ihrem Schicksal verwoben ist. Sie interviewten einfühlsam, angenehm zurückhaltend und, ja, zart. Da sie alle Interviewten persönlich kennen, durften Sie das „Du" der Anrede verwenden und ihnen sehr nah kommen. So entstand viel Raum für intime, außerordentlich spannende Geschichten und Einblicke in Lebensgeschichten und es entfaltet sich vor uns das Phänomen geglückter Persönlichkeitsentfaltung im Erwachsenenalter.

Dieser Interview-Band würdigt Frauen, Psychodramatikerinnen unterschiedlicher Epochen, ihre Leistungen, ihre Qualitäten und er würdigt ganz besonders die Methode Psychodrama, ihre Kreativität und Kraft und ihre Bedeutung im Leben der Interviewten.

Als erster widmen Gabriele Stiegler und Dorothea Ensel ihre Aufmerksamkeit der Witwe Morenos, die auch seine engste und engagierteste Mitarbeiterin über viele Jahre war und die heute noch, mit 93 Jahren, regelmäßig Psychodrama-Seminare hält und die Entwicklung des Psychodramas aufmerksam und aktiv verfolgt. Das zweite Kapitel bringt uns die ersten Institutsgründerinnen in Deutschland nahe, drei mutige und vielseitig begabte Akademikerinnen, Dr. Grete A. Leutz, Prof. Heika Straub und Dr. Ella Mae Sharon; sie betraten Neuland, säten und brachten die Psychodramalandschaft erfolgreich zum Wachsen und Blühen. Zu einer Zeit, in der Frauen in Deutschland ihren Ehemann noch fragen mussten, ob sie arbeiten dürfen, in der sie ohne seine Einwilligung kein Bankkonto eröffnen, keinen Führerschein machen konnten, erfuhren Gretel Leutz, Heika Straub und später auch Ella Mae Sharon, durch J. L. Moreno eine Wertschätzung und Aufmerksamkeit als Lernende auf Augenhöhe, ein tiefes Zutrauen in ihre ganz persönlichen Fähigkeiten, deren Ausmaß Moreno durch seine unmittelbare Art der Begegnung viel früher und umfassender erkannte als sie selbst und sie wagten die Realitätsprobe. Im dritten Abschnitt werden einige ihrer begabtesten Schülerinnen gewürdigt, Sarah Kirchknopf, die ein Institut mitgründete und aufbaute, Ildikó Mävers und Agnes Dudler, die im Lauf der Zeit selbst eigene Institute gründeten und Martha Sonntag, die an Institutsgründung gar nicht dachte, dafür aber einen ganz eigenen Weg in der Verbindung von Psychodrama und Theologie entwickelte – starke Frauen, die auch maßgeblich an der Verbreitung des Psychodramas in andere Länder und in andere als therapeutische Felder beteiligt waren, wie Wirtschaft, Theater, Schule, Kirche ... Im nächsten Kapitel interviewen sich zwei weitere Vollblutpsychodramatikerinnen, Dorothea Ensel und Gabriele Stiegler, Schülerinnen der vorgenannten Frauen und damit zur vierten Psychodrama-Generation gehörend, gegenseitig. Beide sind langjährige und engagierte Institutsmitarbeiterinnen, Gabriele Stiegler ist bereits Gründerin eines eigenen Instituts im Anerkennungsverfahren. Im fünften und letzten Kapitel kommen fünf der „jüngsten" Psychodramatikerinnen, die fünfte Generation, zu Wort, die wiederum bei Dorothea Ensel oder Gabriele Stiegler in Ausbildung bzw. in Supervision waren.

Warum werden ausschließlich Frauen dieser fünf aufeinanderfolgenden „Psychodrama-Generationen" interviewt? Moreno hatte doch Schülerinnen und Schüler, es gibt männliche und weibliche Lehrbeauftragte, Institutsleiter und Institutsleiterinnen. Männer und Frauen – beide spürten doch die Kraft dieser Methode und setzten ihre Begeisterung um in das Interesse, mit dem Psychodrama zu arbeiten und es im eigenen und in anderen Ländern bekannt zu machen.

Dass Gabriele Stiegler und Dorothea Ensel sich speziell für Psychodramatikerinnen interessierten liegt nicht unerheblich daran, dass beide am eigenen Leib erfuhren, was das Psychodrama zur Identitätsbildung, insbesondere der weiblichen, beitragen kann. Zur Gestaltung der privaten und beruflichen Rollen als Frau gehört eben auch die kritische und würdigende Auseinandersetzung mit den Frauen der früheren Generationen. Wenn ich meine Wurzeln kenne, kann ich leichter begreifen, wie ich geworden bin, kann Ähnlichkeiten und Differenzen feststellen, mir ansehen, wie die Generationen vor mir Probleme gelöst haben, ich kann mir ein Beispiel nehmen oder ablehnen – und es vielleicht besser machen. Dorothea Ensel und Gabriele Stiegler werden in den Interviews regelmäßig bestätigt in ihrer Auffassung, dass das Psychodrama gerade Frauen befreien kann von einer anerzogenen oder gesellschaftlich befürworteten falschen Bescheidenheit, mit der zweiten Reihe, dem kleineren Stück Kuchen, dem schlechter bezahlten Job, dem blasseren Selbstbild... zufrieden zu sein. Das Psychodrama bewirkt über seine genialen Techniken, einfühlendes Interview, Doppeln, Spiegeln, Rollenwechsel, surplus reality u. v. m., dass Ketten der falschen

Vorstellungen, der falschen Vorstellungen auch von sich selbst, gesprengt werden können und weiter gedacht werden darf als in den kühnsten Träumen vermutet. In den Interviews finden sich mit den entsprechenden Formulierungen, wie „Käfig sprengen", „Erschütterung", „Feuer fangen", „innere Fesseln lösen"..... viele schöne Metaphern dafür. Dies macht dankbar für die Lehrmeisterinnen, und das waren in diesen Fällen eben Frauen, die eine solche Entwicklung befördert und teilweise erst möglich gemacht haben und deshalb erhalten sie hier besondere Aufmerksamkeit und besonderen Respekt. Sie stehen in Morenos Tradition der Begegnung, die Verantwortungsgefühl für den anderen, unmittelbares Interesse, existentielle Nähe beinhaltet, seine Art der Begegnung, die so wirksam war, weil das Gegenüber umfassend gesehen, erkannt und verstanden wurde.

Wir können anhand der Interviews aber auch die Geschichte der Psychodrama-Ausbildung in Deutschland anhand von fünf aufeinander folgenden Ausbildungs-Generationen nachvollziehen. Jede Epoche hatte ihre eigenen Herausforderungen, die Psychodrama-Landschaft ist stets im Wandel. Zur Zeit beginnt, so scheint es, wieder eine neue Ära – mit Kooperationen, Leitungswechseln, Fusionen, Neugründungen. Alle beschriebenen Institute haben mittlerweile neue Leitungen, aber die Aufbauarbeit, das Führen zum langjährigen Erfolg, das Halten, Tragen und sich Zurücknehmen für eine Aufgabe und das gleichzeitige „sich darin Entfalten", wenn man die Rolle denn auch wirklich annimmt und verkörpert (role taking und role creating) – das schafften die beschriebenen Frauen auf eine unnachahmliche und jeweils sehr individuelle Art und Weise.

Viel Freude beim Lesen dieser besonderen Interviews!

Dr. Ulla Fangauf,
im September 2010

Fangauf, Ulrike, Dr. med.   Jg. 1954

Fachärztin für Psychosomatische Medizin und Psychotherapie, kassenärztliche Praxis in Hofheim am Taunus, Psychodrama-Therapeutin (DFP), Referentin am Psychotherapieseminar Freudenstadt, Lehrbeauftragte/Supervisorin (Moreno-Institut Stuttgart, Moreno-Institut Goslar-Überlingen), langjährige Redakteurin/Herausgeberin der Psychodrama-Zeitschriften, freie Mitarbeiterin Deutsches Ärzteblatt.

Vorwort

Das leidenschaftliche Feuer des Engagements für eine Sache, für eine Idee, für eine Utopie übernehmen wir von der weiblichen Generation vor uns – unserer psychodramatischen Müttergeneration – gerne.

Wir, die in den fünfziger Jahren des letzten Jahrhunderts Geborenen, erleben uns als die Generation, deren Aufgabe es ist, heute dieses weibliche Feuer weiterzugeben.

Die Frauen vor uns, meist geboren in den zwanziger Jahren, groß geworden in der schwierigen Zeit des deutschen Faschismus und des zweiten Weltkriegs, sowie jung erwachsen gewesen in einer Zeit des Aufbruchs und Neuanfangs zwischen Verzweiflung und Trümmern, haben dieses Feuer in unserem Land entzündet.

In den von uns geführten Gesprächen sind wir außerordentlichen Frauen begegnet. Sie ließen sich von einer Sache begeistern und machten sie zu ihrer. Sie scheuten keine Mühen. Sie packten ihre kleinen Kinder unter den Arm und reisten für eine Idee nach Amerika, seinerzeit noch ein Unternehmen von mehreren Tagen mit dem Schiff. Sie versuchten Familie, Berufstätigkeit und Engagement unter einen Hut zu bekommen – ein weibliches Thema!

Unsere Gespräche mit diesen Frauen über ihr Engagement für das Psychodrama in der Bundesrepublik Deutschland sind untrennbar mit der jeweiligen Biographie verbunden. Vielleicht ist dies das Spezifische an weiblichen Biographien, Fragen nach der Sache, dem Inhalt, der Methode sind eng mit Fragen nach dem eigenen Leben verknüpft.

Der Kontext unserer Gespräch spiegelt dies wider. In erster Linie wollten wir der Frage nachgehen, wie diese Frauen auf die Idee kamen und wie sie es schafften, das Psychodrama in Deutschland zu etablieren und bekannt zu machen. Während der Gespräche kamen wir aber auch auf Mode und Frisuren der damaligen Zeit zu sprechen, uns wurden Fotos in Familien- und Morenoalben gezeigt, wir aßen Kuchen, tranken Kaffee, Schnaps und Sekt. Wir saßen in persönlichen Räumen, wurden als Gäste empfangen und durften in intime Sphären von Privatleben blicken. Die so entstandene Nähe und warmherzige, „weibliche" Gesprächsatmosphäre erfüllt uns noch heute mit tiefem Dank.

Diese Gespräche sind also auch ein weibliches Biographieprojekt. In einer Zeit, in der durch Zulassung und Ausgrenzung von psychotherapeutischen Verfahren durch entsprechende Gremien des Gesundheitssystems, der Einführung von fragwürdigen Qualitätsstandards und ihrer Sicherung sowie der Diskussion um europäische Standards im Bildungs- und Weiterbildungsbereich, dem so genannten Bolognaprozess, die bange Frage, ob das Psychodrama all dies wohl überleben wird, die Runde macht, war es uns wichtig, verschiedene Generationen von Psychodramatikerinnen in einem Buch zusammenzubringen und uns dem zu widmen, was wir wesentlich finden: Begegnung, Mut und Kreativität. Wir sehen uns als Fackelträgerinnen, die das Psychodrama weiter geben wollen. Darum kommen im fünften Kapitel ganz junge, frisch gebackene oder noch in Ausbildung befindliche Psychodramatikerinnen zu Wort. Mit ihnen führten wir keine Gespräche, sondern baten sie, uns schriftlich über ihre Erfahrungen mit dem Psychodrama und ihre auf das Psychodrama bezogenen Zukunftsvisionen zu erzählen.

Unsere Buntheit ist unsere Kraft. Wir haben einen weiblichen Generationenregenbogen des Psychodramas in Deutschland aufgespannt, dessen Schönheit und Vielfarbigkeit wir den Leserinnen und Lesern zeigen möchten. Uns alle verbindet die Liebe zu einer Methode, von der wir für unser eigenes Leben enorm profitiert haben und wir möchten dieses Geschenk gerne an andere weitergeben. Wir sind uns sicher, dass genau diese Haltung das Überleben des Psychodramas sichern wird.

Wir gehen reich beschenkt aus diesem Buchprojekt hervor und es ist uns eine Freude, den psychodramatischen Schatz, das von Frauen entzündete Feuer, weiterzutragen.

Dorothea Ensel und Gabriele Stiegler
Stuttgart/Berlin im Sommer 2010

I. Fasziniert mitbegründen

Zerka T. Moreno Jg. 1917

Zerka Celine Toeman wurde als jüdisches Mädchen in Amsterdam geboren.

Sie studierte Kunst, Modedesign und Psychologie.

Zu Beginn des zweiten Weltkriegs 1939 emigrierte sie in die USA und schlug sich dort mit verschiedenen Gelegenheitsjobs durch.

1941 floh auch ihre Schwester vor den Nationalsozialisten in die USA und erlitt auf der Überfahrt ein erneutes Rezidiv ihrer psychotischen Erkrankung. Gleich nach ihrer Ankunft in New York begab sich Zerka Toeman auf die Suche nach einem geeigneten Arzt zur Behandlung ihrer Schwester. Bei dieser Suche wurde ihr auch der Arzt und Psychiater Dr. J. L. Moreno, der zu dieser Zeit in einer eigenen Klinik in Beacon, New York arbeitete, empfohlen. Zerka Toeman suchte ihn zusammen mit ihrer Schwester auf und war fasziniert von seinen Behandlungsmethoden. Moreno wiederum hielt Zerka Toeman spontan für so begabt, dass er ihr einen Praktikumsplatz anbot und sie seine Schülerin, seine Assistentin und 1949 seine zweite Frau wurde.

1952 brachte Zerka T. Moreno ihren gemeinsamen Sohn Jonathan zur Welt.

Im Verlauf der Jahre wurde sie zur engsten Vertrauten und Mitarbeiterin ihres Mannes. Nach Morenos Tod im Jahre 1974 führte sie sein Werk eigenständig weiter. Sie ist Mitbegründerin der International Association for Group Psychotherapy und brachte ab 1975 Psychodrama und Soziometrie in alle Welt, u.a. nach Finnland, Schweden, Australien, Neuseeland, Korea, Taiwan, China, Israel und ab 1989 in weite Teile Osteuropas. In Argentinien, Brasilien und der Türkei gründete sie eigene Zerka T. Moreno Institute.

Wir begegnen Zerka T. Moreno im März 2005 in ihrem Haus in Charlottesville, Virginia, USA.

„Sie ist ein völlig eigenständiger Genius"

D:
Zerka, wir arbeiten an einem Buch über Frauen im Psychodrama. Speziell in Deutschland waren es Frauen, die das Psychodrama in unser Land brachten und bekannt machten, dafür sind wir sehr dankbar. Es ging aber nicht nur um eine Methode, nicht nur um Arbeit und Aufbau, das Psychodrama war sehr nah oder sogar untrennbar mit ihrem eigenen Leben verbunden.

Z:
Es entwickelte sich fast zu ihrer Lebensphilosophie.

D:
Wir finden das interessant. In den letzten Tagen haben wir ja auch schon viel über Dein Leben gehört. Das soll also nicht Gegenstand unseres Gesprächs sein. Denkst Du, dass es einen Unterschied in der Art und Weise gibt, wie Du Psychodramasitzungen leitest und wie Moreno es tat?

Z:
Ihr wisst schon, dass es da einen Unterschied gibt! Nun, es ist eine Frage der Persönlichkeit. Er kam vom Theater und war Dramaturg und Regisseur. Ich war höchstens eine Schauspielerin. Ich leitete anfangs nie. Ich sah, dass niemand es so konnte wie er und es hatte keinen Sinn, ihn zu meinem ultimativen Vorbild zu machen, sondern ich musste mein Eigenes finden. Etwas, das zu mir passte. Jeder andere Weg wäre künstlich gewesen. Moreno sagte: „Die Persönlichkeit des Leiters ist die Therapie." Also, was immer Du tust, Du kannst Dich selbst in diesem Prozess nicht verleugnen. Ich denke, ich bin ein bisschen, nun, zu allererst, ich bin ruhiger. Ich halte mich zurück. Ich denke, ich bin etwas erreichbarer für den Protagonisten. Und ich stelle den Protagonisten in den Mittelpunkt. Das ist der Hauptunterschied, den ich sehen kann. Das andere, denke ich, ist, dass ich beim Interviewen genauer bin als er war. Das kam wahrscheinlich aufgrund der Tatsache, dass er mit Psychotikern arbeitete und ich nicht. Man kann Psychotiker nicht wirklich interviewen, solange sie akut psychotisch sind. Viele Psychotiker, mit denen er arbeitete, konnten nicht interviewt werden.

Er stellte sie unmittelbar in die Handlung, in die handelnde Umgebung, um mit ihnen zu arbeiten. Das interessierte ihn sehr, da lag sein Focus. Wir wussten natürlich beide, dass das Psychodrama nicht nur eine Therapieform für Individuen oder Gruppen ist, sondern eine Methode, die in die Gesellschaft gehört. So wurde das mein Schwerpunkt.

G:
Was glaubst Du hat Dir die Kraft gegeben, neben einem so starken Mann, wie Moreno, Deinen Weg zu finden? Welche Fähigkeiten und Eigenschaften hattest Du, um diesen Weg zu gehen?

Z:
Nun, ich denke, die Methode half mir. Ich denke, die Methode formte mich. Ich bin überhaupt nicht mehr die Person, die ich war. Nicht allein weil ich älter bin oder mehr Erfahrung habe, sondern aufgrund der Arbeit, die ich getan habe. Und wenn ich nicht, wie andere Leute, in dem Sog seiner starken Persönlichkeit untergehen wollte, musste ich meinen eigenen Standpunkt finden, zuerst für mich selbst. Glücklicherweise hatte ich lange mit ihm zu tun. Und in aller Ehrlichkeit, er „gestattete" mir, das zu tun. Es war ihm nicht immer recht, aber er machte mir meine Entscheidung möglich. Nach einer Weile bahnte ich mir meinen Weg selbst.

D:
Du nahmst Dir Deinen Platz.

Z:
Ich nahm mir meinen Platz. Ich brauchte dafür anscheinend nicht so lange, wie ich erwartet hatte, denn 1948, noch bevor ich fühlte, dass ich nun wirklich eine Psychodramatikerin war, wurde mir von einer Psychologieprofessorin, die zu unserem ersten größeren Seminar kam, gesagt, dass zu Beginn der Sitzung Moreno alleine auf der Bühne war und er sich gegebenenfalls auf mich am Rande bezog. Im Verlauf des Wochenendes kam ich aber näher und näher ins Zentrum, bis ich manchmal alleine auf der Bühne war, das Soziogramm oder den soziometrischen Test, den ich durchgeführt hatte und für den ich Daten ausgewertet hatte, erklärend, oder ich machte Ankündigungen. Ich denke, das ist symbolisch für meine Reise: Von dort innerhalb der Gruppe, zum Rand der Bühne und die drei Stufen hinauf. Es wurde mir später bewusst, als diese Professorin das bei verschiedenen öffentlichen Gelegenheiten sagte. Das war meine Entwicklung, faszinierend jedenfalls.

D:
Dieser Tage hast Du – das erinnere ich sehr gut – den Moment beschrieben, als Du zum ersten Mal in Morenos Theater kamst. Kannst Du sagen, was Dich angezogen hat?

Z:
Es war das Geheimnis, das hier geschah, die Bedeutung, die dieses Geheimnis für Menschen hatte. Ich wusste das, obwohl ich noch nicht viel darüber wusste, denn ich hatte noch nicht einmal die Publikation gelesen, die Moreno mir gegeben hatte, ich las sie auf meinem Heimweg im Auto. Sie bestärkte mich darin, dass dies meiner Schwester würde helfen können. Das war zu diesem Zeitpunkt mein Hauptinteresse. Ich hatte noch keine Ahnung, wie es mich berühren würde. Es war wirklich eine transzendente Erfahrung, für die ich anscheinend offen war. Das machte es mir möglich, mich auf ihn und seine Ideen einzulassen.

G:
Das heißt, Du warst auch neugierig?

Z:
Das war ich, ja! Das ist es, was Merlyn, mein späterer Begleiter, sagte: „Wissbegierig zu sein ist ein guter Aspekt der Leiterpersönlichkeit in der Arbeit mit Menschen." Etwas über diese Person wissen zu wollen. Sie zu verstehen, genau so wie sie zu fühlen, beides zusammen.

D:
Was man auch zum Doppeln braucht.

Z:
Das Herz! So wurde ich durch diesen Prozess wirklich ein erfüllter Mensch. Langsam. Sehr, sehr langsam. Und wie gesagt, ich hatte das großes Glück, mit dem Meister so viele, viele Jahre zu arbeiten. Ich konnte es wirklich von Grund auf lernen. Es gibt niemand anderen im ganzen Universum, der diese Erfahrung gemacht hat. Sie hatten Teile von ihm, aber nicht das Ganze. Darum weiß ich, dass ich in dieser Hinsicht einzigartig bin, von allem anderen ganz abgesehen.

D:
Und das Geheimnis ist es, was Dich immer noch weitermachen lässt?

Z:
Ich hatte keine Ahnung, was mein Platz darin sein würde – gar keine. Bis er mich hineinließ und mich einlud mit ihm zu reisen, um mitzuerleben, was er Menschen sagte und nicht nur, was er geschrieben hatte. In diesem Moment öffnete sich für mich eine Tür. Aber ich wusste noch nicht, welche Form diese Möglichkeit annehmen würde. Sie war nicht absehbar. Es war ein Wagnis, ein Sprung in die Zukunft, in der Tat, buchstäblich. Und wenn er nicht gewesen wäre … nun, er war es eigentlich, er drängte mich, er zog mich. Er zog mich hinein. Er muss also auf die eine oder andere Weise etwas gesehen haben – das beschäftigte mich – das war es, worauf ich keine Antwort hatte: Was sieht er in mir, von dem ich nicht weiß, dass ich es habe? Und er sah es. Das war seine Begabung! Er konnte in Dir lesen. Er wusste, zu was Du fähig warst, von dem Du selbst noch nichts wusstest. Ich erinnere mich, einige Jahre, nachdem wir angefangen hatten zusammen zu arbeiten, gingen wir zum Unterrichten an ein Zentrum nach Newton/Massachusetts, das Kurt Lewin aufgebaut hatte. Am Abend waren wir bei Ronald Lippitt zum Essen eingeladen. Er war die rechte Hand von Kurt Lewin und wurde einer der Mitbegründer des National Training Laboratories, das Zugang bei Regierung, Industrie und Verwaltung für Soziodrama und speziell Rollenspiel fand. Wir waren also in seinem Haus und während ich die Treppe hinaufging, drehte sich seine Schwiegermutter zu Moreno und sagte: „Das ist eine sehr interessante junge Dame!" Sie meinte mich. Moreno antwortete: „Oh, sie ist ein völlig eigenständiger Genius." Ich habe dieses Wort niemals auf mich gemünzt gehört. Ich wusste nicht, was er damit meinte, er nannte viele Schüler einen Genius, er sagte es mir aber nie direkt. Ich denke, er nahm an, dass ich es wusste, aber ich wusste es nicht, bis er es mir sagte. Wir Menschen nehmen sehr oft an, wir wissen etwas, aber wir wissen es nicht, bis es ausgesprochen ist. Also, ich nahm es nicht ernst. Aber ich war auch noch nicht ganz ausgereift. Nun versuche ich es ernst zu nehmen.

G:
Was ließ Dich nach Morenos Tod weitermachen?

Z:
Weißt Du, es gibt einen zentripetalen Mittelpunkt. Du gehst entweder mit ihm oder gegen ihn, bis er zentrifugal wird und Dich hinauswirft. Zuerst fühlte ich mich, als ob ich in einer Zentrifuge wäre und komplett reorganisiert würde. Später dann trieb ich mit und kam aus dem Wirbelwind heraus. Ich flog, von einem zum anderen, von einem kleinen Kreis zu weiter wachsenden Kreisen, in denen wir uns bewegten. Ich denke, so gut habe

ich es noch nie beschrieben. Weißt Du, wenn Du zurückschaust hast Du einen vollkommen anderen Blick, als wenn Du in dem Prozess bist.

D:
Denkst Du, dass es eine besondere weibliche Art und Weise gibt, Psychodrama zu lernen oder damit umzugehen? Und was könnte das vielleicht sein?

Z:
Oh, ich denke, es ist das Herz, nicht wahr? Das Herz über das Ego stellen. Moreno sagte: „Ich kann viel besser mit Frauen arbeiten. Sie verstehen mich besser als Männer. Deren Ego steht im Weg." Nun, das will nicht besagen, dass Frauen nicht ihr Ego haben. Aber sie müssen nicht so viel überwinden, wie Männer, um von anderen zu lernen. Es ist nicht der andauernde Kampf. Das ist alles, was ich dazu sagen kann. Und auf eine Art war ich glücklich, dass ich noch nicht ausgereift war, als ich ihn traf. Er war wirklich ein bisschen wie Pygmalion, wisst ihr. Ihr erinnert Euch, in My Fair Lady zum Beispiel, wie begeistert Higgins ist, als er sieht, dass Eliza ihren eigenen Raum einnimmt und ihn ausschimpft, es begeistert ihn. Das ist die ganze Absicht bei der Ausbildung einer Person: sie wahrzunehmen und sie ihren eigenen Raum einnehmen zu lassen. Auf der einen Seite wollte er es, auf der anderen war es ein bisschen bedrohlich.

D:
Denkst Du, das könnte etwas Spezifisches von Frauen sein, das sie fühlen, wenn sie in eine Psychodramasitzung gehen?

Z:
Schau mal, es gibt viele Frauen, die Doktoren sind und Dienende in irgendeiner Art. Wir werden zum Dienen erzogen, lasst uns dieser Tatsache ins Auge schauen. Das ist sehr verschieden zu Menschen, die zum Erobern erzogen wurden. Wie Du dienst, ob Du ein Sklave wirst, das ist Deine Sache.

D:
Das stimmt. Damit müssen wir als Frauen umgehen.

Z:
Und darum geht es im Feminismus wirklich, nicht darum, das Männliche zu töten. Es geht darum, den Unterschied zu würdigen und Dir selbst zu erlauben, darin sichtbar zu werden – mit diesem Unterschied.

G:
Wie siehst Du die Zukunft des Psychodramas?

Z:
Oh, ich denke, das ist aufregend. Ich wünschte mir nur, das Psychodrama hätte einen größeren Einfluss auf einer praktischen, speziell auf einer politischen Ebene. Doch das gibt es noch nicht. Aber wir haben eins: Wir haben Hoffnung! Wenn nicht für andere, so für uns selbst. Wenn wir Hoffnung in andere hineinpflanzen können ist das eine große Sache! Hoffnung, dass es etwas Besseres in ihrem Leben für sie gibt, einen besseren Weg zu leben. Das ist die Botschaft, wirklich.

G:
Wir tun unser Bestes in Deutschland.

D:
Wäre es ein guter Gedanke, das Psychodrama würde mehr und mehr in die Politik gehen? Gefällt Dir diese Idee?

Z:
Ich hoffe auf die Soziometrie. Es geschieht in der Tat schon viel in Australien, immer mehr Menschen mit einem soziometrischen Verständnis gehen in die Verwaltung und arbeiten auf höheren Ebenen von Organisationen. Es könnte passieren, dass diese Menschen, wo immer sie hingehen, das weiter tragen, ihre eigenen Beziehungen zu anderen Menschen und das Tele untereinander verstehend. Diese Hoffnung ist das Einzige, was wir für die Zukunft haben, wirklich. Wir haben viel davon schon jetzt nötig. Manchmal enttäuscht es mich, wenn ich sehe, wie es in diesem Land gerade läuft, aber ich weiß, es gibt immer eine Gegenbewegung. Kürzlich sah ich in einem Fernsehprogramm für Frauenrechte eine Frau, die sagte: „Was dieses Land braucht, ist eine Revolution von Menschen, die aufstehen und NEIN sagen." Das muss passieren.

G und D:
Zerka, wir danken Dir sehr herzlich für dieses Gespräch.

II. Begeistert entwickeln

Prof. Heika Straub   Jg. 1924

Heika Straub wurde in Berlin geboren, wechselte in ihrer Kindheit mehrfach die Wohnorte und machte 1943 in Stuttgart Abitur. Von 1952–1957 studierte sie an der Universität Tübingen Psychologie. Dort begegnete sie im Frühjahr 1954 zum ersten Mal J. L. und Zerka T. Moreno. Vom Herbst 1954 bis Frühjahr 1955 war sie als Stipendiatin an der Universität New York und erhielt gleichzeitig am Moreno Institut Beacon, N.Y. eine praktische Ausbildung in Psychodrama, Soziodrama, Soziometrie und Rollenspiel.

Mit diesen Voraussetzungen konnte Heika Straub das Psychodrama nach Deutschland bringen und praktizierte damit in den Bereichen Schul- und Vorschulerziehung, klinische Psychologie, sowie in der psychotherapeutischen Abteilung einer Kinderklinik.

Von 1970 bis 1977 war sie Lehrbeauftragte an der Universität Tübingen (Psychologisches Institut) mit dem Schwerpunkt Gruppenpsychotherapie und Psychodrama. Von 1978–1986 lehrte sie an der Gesamthochschule Siegen und wurde 1979 dort zur Professorin ernannt.

Heika Straub gründete 1975 das Moreno Institut Stuttgart und ist Mitbegründerin der Sektion Psychodrama im DAGG, deren Ehrenmitglied sie bis heute ist.

Wir begegnen Heika Straub im Juli 2004 in ihrer damaligen Stuttgarter Wohnung.

„Seit fünfzig Jahren arbeite ich mit dieser spannenden Methode"

D:
Heika, wie bist Du mit dem Psychodrama in Kontakt gekommen?

H:
Das war 1954 im Frühjahr. Damals studierte ich Psychologie in Tübingen. Nach einer jahrelangen Unterbrechung, bedingt durch den Krieg und seine wirtschaftlichen Folgen, sowie durch Heirat und Geburt meines ersten Sohnes, hatte ich mein Studium 1952 wieder aufgenommen. Kommissarischer Leiter des Psychologischen Instituts der Universität Tübingen war der damals sehr bekannte Psychiater Ernst Kretschmer. Ziemlich bald nach Kriegsende fing er an, ausländische Kollegen einzuladen, über ihre Psychotherapiemethoden zu referieren, denn während des Naziregimes war das Gebiet der Psychotherapie völlig ungefragt. Kretschmer hatte an seiner Klinik also Fortbildungsveranstaltungen für Ärzte ins Leben gerufen, aber wir Psychologiestudenten gingen auch dorthin.

Eines Tages hörten wir, dass am Nachmittag ein amerikanischer Psychiater einen Vortrag über seine Psychotherapiemethode, namens Psychodrama, halten würde. Das klang spektakulär und wir wollten uns das auf keinen Fall entgehen lassen. Der Klinikhörsaal war wie immer bei solchen Veranstaltungen sehr voll und dann kam durch eine Seitentür ein rundlicher Herr mit federnden Schritten herein, gefolgt von zwei Damen. Eine trug einen Blumenhut, ganz typisch für Amerikanerinnen damals, die andere habe ich nicht mehr deutlich in Erinnerung. Moreno wurde aufs Podium gebeten und von Kretschmer vorgestellt: „ Das ist der Kollege Moreno. Er ist von Österreich aus in die USA gegangen und stellt jetzt seine Methode vor und will sie uns auch gleich demonstrieren." Er habe darum gebeten, dass man ihm ein paar Patienten zur Verfügung stelle und diese nach dem Kriterium auswähle, dass sie unbedingt nach Hause entlassen werden wollten, dies aber nach dem Dafürhalten der Ärzte ganz unmöglich sei.

Dann wurden durch eine Seitentür Patienten hereingeführt, fünf oder sechs glaube ich. Eine saß ganz vorne auf der Stuhlkante und wirkte ein

bisschen kokett. Ich dachte bei mir: „Klar, mit der macht er Psychodrama."
Die Letzte in der Reihe, die habe ich völlig grau in grau in Erinnerung.
Ich bin überzeugt, sie hatte etwas Graues, Kittelartiges an. Sie war völlig
abgewandt, blass und verhärmt, kein Blick ins Publikum, ganz zusammengesunken. Auf sie ging Moreno zielstrebig zu, beugte sich runter zu
ihr, berührte sie leicht am Ellbogen und fragte, wie sie heiße. Ich erinnere
nur ihren Vornamen: Theresa. Er zog sie am Arm ein bisschen hoch, sie
stand auf und er sagte: „Ja, Theresa, und wie geht es Ihnen?" Sie war eine
schwäbische Bäuerin und antwortete in breitem Schwäbisch, ganz larmoyant: „I will hoim." Moreno fing an, sich mit ihr auf dem Podium von den
anderen Patienten zu entfernen und fragte, wo sie wohne. Sie nannte den
Namen eines Dorfes und er sagte: „Wissen Sie, wir stellen uns jetzt mal
vor, Sie gehen nach Hause. Wie sieht es denn aus, wenn Sie nach Hause
kommen?" Theresa erklärte, sie würde durch den Hof zum Haus gehen,
und Moreno fragte: „Ist da eine Tür?" Nein, das Hoftor sei offen und dann
käme man an die Küchentür und ginge durch die Küche rein. Moreno
führte Theresa ein paar Schritte weiter und fragte: „Und wenn Sie jetzt
ins Haus kommen, ist da jemand?" Sie antwortete, ja, die Mutter sei sicher in der Küche. In diesem Moment stand die jüngere Dame auf, legte
ihren Blumenhut ab, stieg aufs Podium und begab sich in den Raum – wir
wussten ja nun alle, wo die „Küchentür" war – und tat, als hantiere sie da.
Theresa war von Anfang an bei der Sache. Ich hatte nicht den Eindruck,
dass von Moreno Druck ausgeübt wurde. Ich denke, sie hatte von Anfang
an Vertrauen. Es leuchtete ihr vielleicht auch ein, sich vorzustellen, wie es
ist, nach Hause zu kommen. Es war gar kein Widerstand zu spüren. Als
Moreno dann sagte: „Also jetzt ist Ihre Mutter in der Küche, nun gehen Sie
mal rein zu ihr", ließ er sie los – er hatte sie die ganze Zeit immer am Ellbogen geführt, so ganz leicht stützend. Sie ging in die „Küche" und in dem
Moment wandte sich Zerka Moreno – sie war es, die die Rolle der Mutter
übernahm – um, breitete die Arme aus, ging auf Theresa zu und sagte: „Da
bist Du ja! Ach, da bist Du ja!" Theresa wich zurück, erstarrte und sagte:
„Mir umarmet ons net." Es war kein Wort weiter notwendig, um zu erkennen, wie schwer gestört das Verhältnis zwischen Mutter und Tochter war.

Es folgten zwei weitere kurze psychodramatische Szenen, die Theresas
Geschichte verdeutlichten: Sie war die ältere von zwei Schwestern, mehr
Kinder waren nicht da auf dem Hof. Der Vater hatte immer gesagt: „Du
kriegst mal den Hof. Du bist die Ältere, Du kriegst mal mit Deinem zukünftigen Mann den Hof." Dieser Mann arbeitete auf dem Hof. Sie wurde
schwanger von ihm und dann starb der Vater. Theresa brachte eine Tochter
zur Welt. Der Vater des Kindes wandte sich ihr nun keineswegs weiter
zu, sondern ihrer jüngeren Schwester. Er heiratete diese und Theresa hatte

praktisch keinen Platz mehr auf dem Hof. Sie musste diese Ehe mit ansehen. Der Mann hatte sich von ihr abgewandt, sie wurde immer depressiver, was auch dazu führte, dass das Kind sich immer mehr von ihr fernhielt. Theresas Mutter hatte das offenbar alles geduldet. Es war wohl nie ein gutes Verhältnis zwischen den beiden gewesen. Theresa war schließlich suizidal geworden und als Notfall in die Klinik gekommen.

Moreno hatte sie unter anderem veranlasst, in der Rolle des Kindsvaters, der Schwester und des Kindes auszusprechen, was diese über sie dachten, wie sie zu ihr standen. Dann hatte Zerka Moreno das jeweils wiederholt und Moreno hatte Theresa aufgefordert, zu antworten. Dabei hatte er ihr geholfen, indem er aussprach, was er in der Identifikation mit ihr fühlte.

Theresa fing an zu weinen, sehr stark, sie war sehr bewegt. Moreno sagte dann: „Ja, Theresa, jetzt weiß ich oder jetzt wissen wir, wie das bei Ihnen zu Hause ist und Sie wissen es auch. Ich glaube, da muss sich erst manches ändern, bevor Sie nach Hause können. Jetzt können Sie noch nicht zurück." Das hat sie akzeptiert und sich nicht dagegen aufgelehnt. Moreno brachte sie zu ihrem Platz zurück und blieb noch ein bisschen bei ihr, bis sie etwas gefasster war. Dann wurde sie von einer Pflegerin abgeholt und ein Oberarzt trat aufs Podium und sagte: „Wir haben eben etwas ganz Unglaubliches erlebt. Diese Frau ist seit drei Wochen in unserer Klinik. Sie ist als Notaufnahme gekommen, kein Angehöriger war dabei. Wir konnten sie nicht explorieren. Sie hat jede Auskunft verweigert, sie hat nicht mit uns geredet. Sie kam, weil sie vom Dorfarzt als schwer suizidal eingeschätzt wurde. Wir vermuteten eine schwere endogene Depression. Jetzt wissen wir, dass das eine schwere reaktive Depression ist." Und da habe ich gedacht: „Das ist die Methode, mit der ich selbst auch arbeiten will."

Damals war die bekannteste psychotherapeutische Methode die Psychoanalyse. Kretschmer arbeitete viel mit Hypnose und hatte ein Verfahren entwickelt, das nannte er „Gestufte Aktivhypnose". Die Verhaltenstherapie gab es noch nicht, aber Autogenes Training wurde viel angewendet.

Nachdem ich das Psychodrama gesehen hatte, dachte ich: „Bei der Psychoanalyse wird immer gedeutet. Beim Psychodrama sieht man konkret, was los ist und die Beziehung zwischen Patient und Therapeut ist auch ganz anders." Moreno hatte diese Frau einfühlend begleitet und ihr nichts suggeriert. Es war kein hierarchisches Gefälle zwischen beiden. Ich fand das überzeugend, absolut überzeugend. „So muss man psychotherapeutisch arbeiten," sagte ich mir.

G:
Da ist der Funke übergesprungen.

H:
Ja. Dann nahm das psychologische Institut Kontakt zu Moreno auf und er antwortete: „Die Studentin kann kommen und hier in Beacon – er hatte da eine Privatklinik – als Praktikantin arbeiten." Mir war der Gedanke, da in dieser Privatklinik zu arbeiten, sehr lieb, weil ich dachte, dass es da enorme Lernmöglichkeiten gibt.

Und dann bin ich im September 1954 mit meinem Sohn nach Amerika gereist, habe in Beacon, einer kleinen Stadt am Hudson, gewohnt, wo die Morenos in einem parkähnlichen Grundstück ein Haus hatten. Dicht daneben befand sich die Privatklinik Morenos. In einem anderen, etwas weiter entfernten Haus wohnte das Personal. Dort hatte ich ein Zimmer.

Außerdem gab es auf dem Grundstück einen richtigen kleinen Theaterbau, mit Bühne und Zuschauerraum, wo die Therapien stattfanden. Von Anfang an habe ich bei den Therapiesitzungen mitgewirkt, in Nebenrollen und als Hilfs-Ich. Die stationären Patienten wurden zu meiner Zeit in Beacon nur einzeln behandelt, allerdings unter Mitwirkung von Psychodrama-Assistenten, die auch noch in anderen Funktionen in der Klinik tätig waren. Ich erinnere mich vor allem an zwei Pfleger und an Morenos Sekretärin, die früher seine Patientin gewesen war. Die drei übernahmen alle möglichen Rollen in den Therapiesitzungen und sie machten ihre Sache gut.

Nach etwa drei Monaten übertrug mir Moreno die Therapie eines Patienten, eines 34 jährigen Mannes, den er wegen Depressionen und Suizidgefahr in seine Klinik aufgenommen hatte. Wenn ich mit dem Patienten arbeitete, kam Moreno anfänglich meistens dazu, setze sich unten in die erste Reihe, beobachtete aufmerksam die psychodramatische Handlung, nickte manchmal mit dem Kopf und ging wieder.

Weil ich mich natürlich noch unsicher fühlte und auch fürchtete, den Patienten womöglich zu überfordern, lag mir sehr an einer Rücksprache mit Moreno, und ich sagte ihm das. Aber er antwortete nur: „Na, es geht doch gut, lassen Sie sich weiter was Gutes einfallen." Ich war sehr zornig, dass er meinen Wunsch nach Unterstützung einfach beiseite schob. Erst später habe ich begriffen, welch großen Vertrauensvorschuss und wie viel Ermutigung er mir mit seinem kurzen Kommentar gegeben hatte. Ohne das hätte ich es sicher nicht gewagt, nach meiner Rückkehr nach Deutschland im Frühjahr 1955 als Praktikantin an der Universitätsklinik für Kinder- und Jugendlichenpsychiatrie in Tübingen, den Vorschlag zu machen, eine 16 jährige Zwangskranke psychodramatisch zu behandeln.

Das kam so: In der Klinik fanden ein- oder zweimal in der Woche so genannte ‚große Konferenzen' statt, bei denen Prof. Kretschmer den Vorsitz hatte. Kurz nach Beginn meines Praktikums wurde bei einer dieser Konferenzen der Fall der 16jährigen Patientin besprochen, deren ausgedehnte Zwangssymptomatik sich bisher als therapieresistent erwiesen hatte, weswegen die Überweisung der Patientin in ein Psychiatrisches Landeskrankenhaus erörtert wurde. Da nahm ich meinen ganzen Mut zusammen und sagte: „Vielleicht könnte man es bei der Patientin mit einer Psychodramatherapie versuchen?" „Wie denken Sie sich das?" erkundigte sich Prof. Kretschmer und forderte mich auf, ausführlich über die Therapien zu berichten, die ich in Beacon miterlebt oder bei denen ich sogar mitgewirkt hatte. Schließlich entschied er und Prof. Lempp, der Leiter der Kinder- und Jugendlichenpsychiatrie, dass ich anfangen sollte, mit der Patientin psychodramatisch zu arbeiten, natürlich unter ärztlicher Aufsicht. Das heißt, es waren immer ein Arzt, oft auch mehrere dabei, wenn ich zusammen mit der Patientin Psychodramaszenen gestaltete. Sie machte bereitwillig mit und erfand bald für sich eine Wunschrolle, und wenn sie in dieser Rolle handelte, reduzierte sich ihre Zwangssymptomatik mehr und mehr. Ich will hier nicht die ganze Behandlung schildern, aber mein Praktikum hat sich verlängert, bis zum erfolgreichen Abschluss dieser Therapie.

G:
Toll.

H:
Ja, damals tat sich eine Menge auf einmal in meinem Leben. In die Tübinger Nervenklinik wurde ich später noch ein paar Mal eingeladen, um bei Fortbildungsveranstaltungen mitzuwirken und mit Prof. Lempp bin ich bis heute in Verbindung. Ohne das Praktikum bei ihm wäre ich vielleicht nicht am Bürgerhospital, der Nervenklinik der Stadt Stuttgart, angestellt worden. Ich habe mich dort beworben und dem Klinikchef, Prof. Haug, von meiner psychodramatischen Ausbildung und meinem Praktikum in Tübingen berichtet. Prof. Haug meinte, es gebe an seiner Klinik noch gar keine Psychologenstellen, er habe aber schon öfter daran gedacht, eine zu beantragen. Das tat er dann und als die Stelle geschaffen war, bekam ich sie.

Ich hatte mittlerweile Diplom gemacht und ein zweites Kind bekommen. Mein kleiner Sohn kam in den Kindergarten und weil mein Mann als selbständiger Grafiker zu Hause arbeitete, konnte ich ganztägig berufstätig sein. Prof. Haug übergab mir nach einiger Zeit ein paar Patienten, eher leichtere Fälle, für eine Therapiegruppe, dann folgten schwerere Fälle, auch zur Einzelbehandlung. Und allmählich war Prof. Haug vom Psychodrama als wirkungsvoller Therapiemethode überzeugt. Er besuchte sogar Psychodramakongresse mit mir. Er selbst hat das Psychodrama nie angewendet, aber in ihm hatte ich einen Ansprechpartner, das war mir wichtig.

G:
Und einen Förderer.

H:
Ja, wie Prof. Kretschmer und Prof. Lempp gab Prof. Haug mir Gelegenheit, meine therapeutische Erfahrung mit dem Psychodrama zu erweitern und zu vertiefen. Vor allem aber hat das Interesse dieser drei Ärzte, die große und bekannte Kliniken leiteten zur Verbreitung von Morenos Methode beigetragen, denn bald wurden auf Psychotherapiekongressen Workshops für Psychodrama angeboten. Als Prof. Haug pensioniert wurde, kam der Chef der benachbarten Kinderklinik, Prof. Grundler, auf mich zu und fragte, ob ich in seiner Klinik eine psychotherapeutische Abteilung aufbauen wollte. Das habe ich dann getan.

An die Zeit in der Kinderklinik denke ich gerne zurück. Kinder lieben Rollenspiele. Die psychodramatische Gruppentherapie mit Handpuppen hat den kleinen Patienten, glaube ich, immer Spaß gemacht. Und diese Spiele auf der symbolischen Ebene bringen ja deutlich zum Vorschein, was in den Kindern vorgeht, was für Probleme sie haben. Auch psychodramatische Familientherapie habe ich in der Klinik gemacht, Moreno selbst hat ja schon mit Familien gearbeitet.

G:
Wie war Dein Kontakt zu Moreno nach Deiner Rückkehr aus den U.S.A.?

H:
Wir haben ständig miteinander korrespondiert. Zerka schrieb öfter als Moreno selbst, und fast jedes Jahr kam die Familie, das heißt Moreno, Zerka und Jonathan, nach Europa, wo Moreno bei vielen Kongressen mitwirkte. Das Psychodrama stieß auch deshalb auf starkes Interesse, weil es eine gruppenpsychotherapeutische Methode ist. Die fand nach dem 2. Weltkrieg mehr und mehr Beachtung. Wenn die Morenos in Deutschland, Österreich oder der Schweiz waren, traf ich sie regelmäßig. Dabei habe ich auch Gretel Leutz kennengelernt. Sie war kurz vor mir in Beacon. Wir sind die ersten beiden deutschen Moreno-Schülerinnen.

G:
Und ihr habt beide sehr viel zur Verbreitung des Psychodramas beigetragen.

H:
Wir leiteten immer häufiger Workshops auf Kongressen und manchmal hielten wir auch Vorträge. Dann bekam ich an der Stuttgarter Universität einen

Lehrauftrag für ein Seminar: „Psychodrama und Soziometrie" und bald darauf noch einen Lehrauftrag am Psychologischen Institut der Universität Tübingen für ein Seminar zum gleichen Thema. Alle diese Veranstaltungen führten zu Nachfragen, zunächst hauptsächlich von Ärzten, Psychologen, Sozialarbeitern und Sozialpädagogen, wo Ausbildungsmöglichkeiten in Morenos Methode bestünden. Und so kam es dann 1975 schließlich zur Gründung der Moreno Institute in Stuttgart und Überlingen.

D:
Warum wurden zwei Institute gegründet?

H:
Ursprünglich wollten Gretel und ich nur ein Institut gründen, geleitet von uns beiden. Moreno begrüßte diesen Plan und gestattete uns, dem Institut seinen Namen zu geben. Aber dann stellte sich heraus, dass aus familiären Gründen weder Gretel noch ich den Wohnort wechseln konnten. Deshalb war eine gemeinsame Leitung nicht durchführbar und so gründeten wir am selben Tag beim selben Notar die beiden Institute und Moreno war einverstanden, dass beide seinen Namen bekamen.

D:
Wart ihr dann nicht automatisch Konkurrentinnen?

H:
Ach, das hielt sich in Grenzen. Wir haben einen Kooperationsvertrag geschlossen und haben gemeinsame Ausbildungsrichtlinien mit auf den Weg gebracht; und gelegentlich führten beide Institute zusammen Veranstaltungen durch. Übringens haben wir in Stuttgart in den ersten Jahren des Instituts noch sehr viel therapeutisch gearbeitet. Ich weiß nicht, ob das in Überlingen auch so war. Durch meine Zeit im Städtischen Bürgerhospital und in der Städtischen Kinderklinik kannten mich ja ziemlich viele Ärzte im Raum Stuttgart, die uns, das heißt Sarah Kirchknopf und mir, Patienten zur Psychodramatherapie schickten. Sarah Kirchknopf war vom ersten Tag an meine Mitarbeiterin. In den Jahren vor der Institutsgründung hatte sie bei mir eine Psychodramaausbildung absolviert und sie war eine gesuchte Kinderpsychotherapeutin. Außerdem erledigte sie in der Anfangszeit einen großen Teil der Büroarbeiten, bevor wir uns eine Sekretärin leisten konnten. Allmählich hat sich dann, wegen der zunehmenden Nachfrage, die Institutsarbeit immer mehr zu den Ausbildungsgruppen hin verlagert, wobei ich allerdings die therapeutische Arbeit nie ganz aufgegeben habe. Z. B. habe ich eine Zeit lang sehr viel Paartherapie gemacht, dann psycho-

dramatische Familientherapie, das hatte ich schon in der Kinderklinik angefangen, zu einer Zeit, als es den Begriff Familientherapie in Deutschland noch gar nicht gab.

Ich habe auch mit sehr unterschiedlichen Berufsgruppen Psychodrama- aus- und -fortbildungen durchgeführt: hauptsächlich mit Ärzten, Psychologen, Pädagogen und Sozialarbeitern, aber auch mit psychiatrischen Pflegern und Pflegerinnen, Theologen und Juristen. Doch zwischendurch hatte – und habe ich immer noch – Patienten. Das ist mir schon ein Anliegen.

D:
Ist der Schwerpunkt Deiner Arbeit das therapeutische Psychodrama gewesen?

H:
Ja, wenn man den Begriff Therapie ganz weit fasst, und zwar so weit, dass man sagen könnte, alles, was die Persönlichkeitsentwicklung, die Persönlichkeitsreifung fördert, gehört dazu. Dann gilt Therapie nicht nur für Menschen mit schweren Störungen, sondern auch für viele, die durch ungünstige Lebensumstände keine guten Möglichkeiten hatten, zu reifen. Mein Schwerpunkt ist das Morenosche Menschenbild, dass wir kreative Ressourcen haben und dass wir sie besser nutzen könnten, indem wir z. B. versuchen, uns in andere einzufühlen und uns in verschiedenen Rollen zu erproben. Es fasziniert mich nach wie vor, wie sich mit dem Psychodrama das Selbstverständnis und das Verständnis für andere vertiefen lassen. Diese humanitäre Richtung der Methode, in der der Therapeut nicht der durchweg Überlegene ist, sondern in der er den Patienten mit Einfühlung suchend dabei begleitet, seine Situation zu klären und Lösungen für seine Probleme zu finden. Das ist für mich etwas ganz Unverzichtbares, und das lebendige, konkrete Handeln, es wird nicht nur geredet. Prof. Lempp hat vor ein paar Jahren ein Buch geschrieben „Das Kind im Menschen", dabei geht es vor allem um unsere Fähigkeit, uns mit Vorstellungskraft und Phantasie Nebenrealitäten zu erschaffen und dadurch Ängste und Krisen zu überwinden und unsere Persönlichkeit zu entwickeln. Schon kleine Kinder tun das ganz spontan. In ihren Rollenspielen sind sie stark und groß, können zaubern und noch vieles mehr. Lempp betont, wie wichtig diese Fähigkeit nicht nur in der Kindheit für den Menschen ist. Diese Erkenntnis passt wunderbar zum Psychodrama, bei dem die Mitwirkenden sich ja auch immer wieder solche Nebenrealitäten schaffen, sich darin wohl fühlen und ihre kreativen Ressourcen aktivieren. Moreno, der selbst gerne gelacht hat, war es sehr wichtig, und mir ist es das auch, dass das Psychodrama den Beteiligten, wenn möglich, auch Spaß macht. Ich bin immer

wieder erstaunt, wie rasch es geschehen kann, dass Patienten, auch depressive, durch das Spiel, durch erfundene Szenen, ins Lachen kommen, einfach auflockern.

G:
Heika, mich interessiert, Du hast die Methode von Moreno, also von einem Mann, gelernt. Was, glaubst Du, hast Du als Frau da noch an Gewürz dazu gegeben? Wenn man das überhaupt so sagen kann.

H:
Ja, das ist für mich nicht leicht zu beantworten, allein schon darum, weil ja im Psychodrama eine Mann-Frau-Gleichstellung da ist. Das geht ja so weit, dass Du, wenn jemand Dich fragt: „Gabi, bist Du so nett, übernimmst Du mal die Rolle meines Vaters?" du das eben machst. Ich nehme an, dass jeder seinen persönlichen Stil im Psychodrama findet, was auch ein enormer Vorteil der Methode ist. Aber einige Prinzipien sind sicher unverzichtbar.

D:
Welche psychodramatischen Prinzipien gehören aus Deiner Sicht dazu?

H:
Empathie und konkretes Handeln habe ich schon genannt. Rollentausch und Doppeln tragen sehr dazu bei, das Einfühlungsvermögen zu entwickeln, nicht nur beim Therapeuten, sondern auch bei den Patienten und anderen Psychodramateilnehmern. Unbedingt muss beachtet werden, dass der Protagonist nicht von außen, also vom Therapeuten oder von anderen Mitspielern zu Problemlösungen gedrängt wird. Es ist wichtig, ihn bei der Suche zu begleiten, eventuell auch anzusprechen, in welcher Richtung sie liegen könnten. Manchmal helfen solche Anregungen dem Protagonisten weiter, aber immer sollte er entscheiden, ob er sie aufgreifen will oder nicht. Letztlich muss es von ihm kommen, von innen heraus, welche Wege er zur Lösung seiner Probleme einschlagen möchte. Und die müssen dann auch konkret erprobt werden. Unverzichtbar finde ich weiter, dass alle Mitglieder einer Psychodramagruppe nach den szenischen Gestaltungen Gelegenheit bekommen, zu sagen, was sie, entweder als direkt Mitwirkende oder als Zuschauer, erlebt haben, was die Szenen in ihnen selbst angerührt haben. Ja, ich glaube, das sind für mich die wichtigsten Prinzipien des Psychodramas.

Moreno war mit Patienten genial und es haben ihn auch nur Patienten wirklich interessiert. Gesunde Menschen fand er nicht so spannend und da konnte er auch mal ruppig sein. Bei Patienten hatte er eine Engelsgeduld. Dieses fabelhafte therapeutische Vorbild, weil ich nun schon mal zum Psychotherapeutischen tendierte, war sicher sehr prägend für mich. Ich glaube nicht, dass ich da so etwas wie eine „weibliche Note" hinzugefügt habe. Auch bei Zerka habe ich nichts dergleichen bemerkt, und ich habe sie oft als Psychodramatikerin erlebt. Ich denke, es ist ein Kennzeichen der Methode, dass Verhaltensweisen, die eher als männlich oder eher als weiblich angesehen werden, gleichermaßen in den Psychodramen zum Ausdruck kommen.

D:
Moreno war also für Dich das entscheidende Vorbild?

H:
Ja, als Psychodramatherapeut. An ihm als Person hatte ich während meiner Zeit in Beacon einiges auszusetzen. Vor allem weil ich mich oft überfordert fühlte und ihm das anscheinend ganz egal war. Ich habe ihn ein paar Mal richtig angegiftet deswegen, aber das prallte einfach an ihm ab.

Zum Beispiel plante er damals ein Buch für einen deutschen Verlag. Er wollte dazu auch teilweise Arbeiten, die er früher publiziert hatte, verwenden. Er erzählte mir dabei viel über ihr Entstehen und ließ mich die Texte, die er englisch verfasst hatte, ins Deutsche übersetzen. Neue Kapitel schrieb er natürlich auch, meist berichtete er mir ihren Inhalt zuerst mündlich, und wenn ich Fragen hatte, diskutierte er sie mit mir. Ich fand diese Arbeit sehr interessant und lernte viel dabei. Sein Arbeitszimmer hatte er in dem Haus, in dem die Familie wohnte, das, wie ich schon erwähnt habe, in einem großen Park stand, an dessen anderem Ende ich wohnte.

Eines Abends, nach zehn Uhr, rief Moreno mich an und sagte, ich solle doch gleich mal zu ihm herüberkommen, er würde gerne noch an dem Buch weiterarbeiten. Der Park war nachts stockdunkel und außerdem gab es Stinktiere, vor denen man mich gewarnt hatte. Ungnädig erwiderte ich Moreno, dass ich nicht nachts durch den Park spazieren und Stinktieren begegnen wolle und ob er überhaupt wisse, wie spät es sei; ich ginge um diese Zeit schlafen! Mit gütiger Stimme und mit den Worten: „Lassen Sie sich nie von festen Gewohnheiten einengen!" beendete er unser Telefonat.

Damals hörte sich das für mich wie ein Vorwurf an. Später habe ich oft gemerkt, dass es ein guter Rat war. Wenn ich so zurückdenke, dann habe ich, glaube ich, in Beacon an Moreno meine Ablösung von meinem autoritären Vater exerziert. Richtig kennengelernt oder sagen wir mal, ohne diese störenden Spannungen meinerseits kennengelernt habe ich ihn dann bei seinen Besuchen in Europa. Wir haben dann viel Zeit miteinander verbracht und da habe ich erst so richtig mitbekommen, wie freundlich und humorvoll er war. Er hatte einen besonderen Blick für das Komische, ihm fiel immer auf, wie komisch Menschen sich oft in ganz alltäglichen Situationen verhalten. Er kommentierte das nie ironisch, sondern betrachtete es freundlich amüsiert und lachte still vergnügt in sich hinein. Zornig habe ich ihn nur erlebt, wenn – was immer mal wieder vorkam – seine Methoden und Theorien von Therapeuten anderer Couleur heruntergemacht wurden, mit Äußerungen wie: Moreno bringt den Patienten bei, sich selbst und anderen was vorzumachen. Dann war es mit seinem Humor und seiner Freundlichkeit vorbei. Das waren die einzigen aggressiven Ausbrüche gegen Menschen, die ich von ihm gehört habe. Sonst war er ein Menschenfreund.

G:
Das ist ein schöner Begriff.

H:
Ich denke ziemlich oft an ihn. Er war ja eine sehr wichtige Person in meinem Leben. Für meine Persönlichkeitsentwicklung war er sicher entscheidend. Ebenso wie mein Mann, der mich bei allem, was ich mir vornahm, immer unterstützte. Aber was ich von Moreno gelernt habe, wurde bestimmend für meine berufliche Laufbahn und seine Lehre hat mir auch sonst im Leben genützt.

G:
Weißt Du, was ich spannend finde, dass ihr, Gretel und Du, zurück nach Deutschland kamt und die Institute gegründet habt. Es waren ja noch mehr Leute aus Deutschland und Europa drüben, aber es waren die Frauen, die dann die beiden Institute gründeten, die ersten in Deutschland.

H:
Ja, was wäre Moreno ohne die Frauen? Denn es gab immer Frauen, die ihm die Wege geebnet und sehr viel für ihn getan haben.

G:
Er bekam ja auch Geld und Fördermittel von ihnen.

H:
Soviel ich weiß, waren es vor allem Frauen, die durch Spenden das „Haus der Begegnung" unterstützten, das Moreno, als er noch Medizinstudent war, mit ein paar Freunden gegründet hatten. In diesem Haus konnten

Menschen, die in Not waren, Obdachlose und Arme, wohnen. Niemand wurde abgewiesen und niemand musste Miete zahlen. Abends nach dem Essen fanden gemeinsame Treffen der Bewohner statt. Das Ziel war, dass sie durch persönliche Begegnungen und Aussprachen zu mehr gegenseitigem Verständnis und friedlichem Miteinander gelangen sollten. Das Haus der Begegnung war das konkrete Zentrum einer „Religion der Begegnung", die Moreno mit seinen Freunden ins Leben gerufen hatte.

G:
Also waren es anfänglich doch Männer, die sich Morenos Ideen anschlossen und sie verbreiten halfen?

H:
Und die Frauen mit ihren Geldspenden. Aber später haben Frauen auf ganz andere Weise auf seine Laufbahn eingewirkt und ihn gefördert. Da war zuerst eine Österreicherin, Marianne Lörnitzo, die sechs Jahre seine Lebensgefährtin war, während seiner Zeit in Vöslau bei Wien. In diesen Jahren gab Moreno zwei literarische Zeitschriften heraus und gründete ein Stegreiftheater. Hier finden wir die ersten Ansätze zur Entwicklung des Psychodramas. Marianne war Christin und wegen ihres unkonventionellen Zusammenlebens mit Moreno hatte sie manche Unannehmlichkeiten zu ertragen. Trotzdem stand sie ihm bei allem, was er tat, zur Seite und war wohl der ruhende Pol in seinem damals sehr unruhigen Leben. Wegen der zunehmenden antisemitischen Ausschreitungen in Österreich riet sie ihm dann, in die U.S.A. zu emigrieren. Erst bestand der Plan, dass sie nachkommen sollte, aber sie blieb dann doch in Österreich. Dennoch hat sie eine ganz wichtige Rolle in Morenos Leben und beruflicher Laufbahn gespielt.

In den U.S.A. heiratete ihn eine amerikanische Kinderärztin, die von Morenos neuen Wegen in der Psychotherapie überzeugt war, pro forma, damit er die amerikanische Staatsbürgerschaft erlangen konnte. Nach einer gewissen Zeit ließen sich die beiden, wie sie es vorher vereinbart hatten, wieder scheiden. Mit Sicherheit hat auch diese Frau Morenos beruflichen Werdegang gefördert, denn in den U.S.A. fand er mit seinen Methoden mehr und mehr Anerkennung, was zur Gründung seiner Privatklinik führte. Dann schloss er eine richtige Ehe und wurde Vater einer Tochter. Alles lief jetzt bei ihm in ruhigeren und erfolgreicheren Bahnen, und es ist anzunehmen, dass seine Frau auch dazu beigetragen hat.

Allerdings wurde diese Ehe nach mehreren Jahren – ich weiß nicht wie vielen – geschieden. Regina, Morenos Tochter, war ein Teenager, als ich nach Beacon kam. Sie lebte bei ihm und seiner zweiten Frau, Zerka. Jonathan, der Sohn der beiden, war damals etwa ein Jahr alt. Zerka hatte Moreno kennengelernt, als er ihre Schwester, die auf der Flucht vor den Nazis nach Amerika an einer Psychose erkrankt war, behandelte, und er hatte Zerka sozusagen als Psychodramaassistentin in die Therapie einbezogen. Sie war für ihn eine ideale Lebensgefährtin und Mitarbeiterin. Sie unterstützte sein Werk in jeder Hinsicht und trug auch nach Morenos Tod enorm zur Verbreitung seiner Lehre bei.

Ja, es stimmt schon, glaube ich, dass Moreno mehr Jüngerinnen hatte als Jünger. Und dass ich das so biblisch ausdrücke, ist auch ganz passend, denn Morenos Werk hat ja durchaus ein religiöses Fundament. Er glaubte, dass in allem, was zum Universum gehört, eine geistige Kraft waltet, die er Gott nannte. Er erzählte mir, dass er sich früher manchmal in übersteigerter Form von diesem Schöpfergeist erfüllt, als Gott ähnlich, erlebt habe. Er erzählte das lachend. Das hat mich beeindruckt, weil es so ungewöhnlich ist, dass jemand, der abnorme psychische Zustände durchlebt hat, das so akzeptiert, als einfach zu ihm gehörend.

D:
Solche Erlebnisse sind ja bei den meisten Menschen schambesetzt. Bei Moreno war das offenbar nicht so.

H:
Nein, gar nicht. Ich habe das sehr bewundert an ihm. Wie ich schon sagte: psychisch schwer Kranke, psychotische Patienten interessierten ihn am meisten und lagen ihm am meisten am Herzen. Ich glaube, für diese Patienten war es enorm wichtig, einen Arzt zu haben, der ihnen vermittelte, dass ihre Krankheit keine dauernde Katastrophe war, sondern eine Episode, die im Leben vorkommen kann.

D:
Auch im Blick auf andere psychotherapeutische Schulen ist uns aufgefallen, dass es immer wieder das Verhältnis von großen Persönlichkeiten zu ihren Schülern gibt. Meistens gründen die Schüler dann auch Institute und Richtungen und nennen sie dann aber nach sich selbst. Sie sagen zwar, ich bin ein Schüler von dem und dem, aber meine Ausformung dieser Richtung heißt nun nach mir. Im Gegensatz dazu haben die beiden Frauen, die die ersten Psychodramainstitute in Deutschland gründeten, ihre Institute nach ihrem Lehrer benannt. Ist das etwas typisch Weibliches?

H:
Kann sein. Für mich, das habe ich schon gesagt, gibt es einige Prinzipien

die psychodramaimmanent sind und somit unverzichtbar. Selbst wenn ich jetzt diese Variante mit dem Energetischen Psycho- und Soziodrama faszinierend finde und da auch noch was auf den Weg bringen möchte, bleiben andererseits die Morenoschen Psychodrama-Prinzipien bestehen und deshalb könnte ich von mir aus nicht sagen: Ich hab das zwar von Moreno gelernt, aber jetzt mache ich mein eigenes Ding und das nenne ich z. B. Straub-Institut. Das fände ich unredlich. Interessant finde ich, dass jetzt einige Institute nach Zerka Moreno benannt wurden, eins in Argentinien und eins in Taiwan, glaube ich. Beide wurden auch von Frauen gegründet, vielleicht hat das etwas mit dem Psychodrama zu tun? Ich habe in Workshops, die ich oder andere geleitet haben, sehr selten erlebt, dass weibliche Teilnehmer miteinander wetteiferten, wer es am besten macht. Bei den Männern war da schon eher Konkurrenzverhalten zu beobachten. Es mag schon sein, dass Morenos Psychodrama nicht so weite Verbreitung gefunden hätte, wenn sich vorwiegend Männer darum gekümmert hätten, denn die hätten wieder ihre eigene Sache in den Vordergrund gestellt. Ich habe Euch ja schon gesagt, ich habe Moreno eigentlich nur richtig böse und verärgert erlebt, wenn konkurrierende Männer an seiner Methode rumgemäkelt haben. Er selbst hat die Methoden anderer Männer, zum Beispiel Slavsons Gruppentherapie und Freuds Psychoanalyse aber auch ganz schön kritisiert.

Moreno war jedenfalls ein großer Anreger und das erkannten viele, ohne ihn dafür gebührend anzuerkennen. Auf einmal gab es mehrere gruppenpsychotherapeutische Richtungen. Auf einmal fanden in neuen Formen der Psychotherapie Rollenspiele statt und auf einmal gab es ressourcenorientierte Methoden. Ich habe oft Fachliteratur in den Händen gehabt, die deutlich erkennen ließ, dass die Autoren bei Moreno Anleihen gemacht hatten, aber ohne ihn in ihren Texten oder Literaturangaben zu erwähnen. Gegenbeispiele gibt es natürlich auch. Ruth Cohn schreibt in einem ihrer Bücher: „Morenos Einfluss auf die moderne Psychotherapie kann nicht hoch genug eingeschätzt werden."

D:
Könnte man sagen, das ist eine gewagte Hypothese, dass für Frauen die Idee mehr im Vordergrund steht und weniger ihr Name?

H:
Ich kann von mir sagen, mir ging's immer um die Sache. Mir geht es heute noch um die Sache, vor allen Dingen. Ich meine, mein Name ist ja Schall und Rauch nach kurzer Zeit. Übrigens, Jonathan Moreno hat mir gesagt, den Namen seines Vaters kenne man an den U.S.-amerikanischen Univer-

sitäten so gut wie nicht mehr. Morenos Methoden oder was man davon abgeschöpft hat, das lebt jetzt in den U.S.A. wahrscheinlich in Instituten mit anderen Namen weiter. So ist das, der Name vergeht. Ich bin aber überzeugt, dass diese plausible Methode bestehen bleibt durch Menschen, die sie kennen lernen und erfahren, spüren, dass diese Methode sie weiterbringt. Sie ist eine gute Sache, ein reiches Stück Leben. Es gibt einen schönen Satz von Platon: „In einer Stunde Spiel kann man mehr lernen als in einem ganzen Leben." An der Methode liegt mir viel, aber es lag mir nie daran, meinen Namen groß zu machen. Ich bin natürlich froh, dass die Leute in Deutschland sagen: „Heika Straub gehört zu denen, die hier eine Psychodrama-Pionierin gewesen ist". Wenn man mir das streitig gemacht hätte, dann hätte ich mich schon gemeldet. Aber eben in dieser Rolle: eine Pionierin für die Sache.

D:
Du hast aber einen ganz persönlichen Arbeitsstil entwickelt im Lauf der Jahre. Und könntest Du sagen, worin der besteht?

H:
Eher andere sagen, dass ich einen persönlichen Stil als Psychodramatikerin habe. Selbst kann ich das nicht gut beurteilen. Ich glaube, für mich ist charakteristisch, wie ich die Protagonisten bei ihrer Suche nach Problemlösungen begleite, ohne ihnen etwas aufzuoktroyieren. Begleiten, nichts aufoktroyieren. Ich glaube, ich bin sehr gut im Doppeln, weil ich meine Antennen entwickelt habe: Was fühlt der andere? Was denkt der andere? Von denen, die ich begleite, wird mir oft gesagt: „Du hast ausgesprochen, was ich noch nicht in Worte fassen konnte. Wie hast Du das gewusst?" Außerdem werde ich als sehr klar beschrieben, als sehr klare deutliche Rückmeldungen gebend, wie ich etwas oder auch wie ich andere erlebt habe. Und mein Humor wird geschätzt. Das ist mir übrigens auch sehr wichtig. Natürlich gibt es Situationen, die sind sehr bedrückend und da wäre es inadäquat, sich darum zu bemühen einer solchen Situation etwas Humoristisches abzugewinnen. Aber es gibt viele Menschen, die sich reinknien in etwas, was sie bedrückt und eher auf Hilfe von außen warten. Wenn ich so etwas merke, dann bin ich, man könnte vielleicht sagen fordernd, aber das ist, glaube ich, falsch. Nehmen wir mal an, jemand ist sehr jammerig, und es ist eigentlich kein rechtes Verhältnis zwischen dem Gejammer und dem vorgebrachten Problem, dann ist es durchaus möglich, dass ich sage, wie ich das erlebe und dass ich das dann sehr unumwunden sage. Ich habe einmal über mich den Satz gelesen: „Sie ist sehr geduldig, aber keineswegs grenzenlos."

D:
Findest Du das zutreffend?

H:
Ja, das finde ich zutreffend.

D:
Humor ist ein guter Gegenpol zum Jammern. Wenn es gelingt, jemanden auf die andere Seite zu locken und man es ihm ermöglichen kann sein Leiden auch mal ganz anders zu sehen, dass es vielleicht auch eine witzige oder zumindest merkwürdige Seite hat.

H:
Oft hilft es, wenn einem dazu ein komischer Vergleich einfällt. Mir fallen oft Sachen ein, über die man dann wirklich lachen kann, ohne dass es ein Auslachen ist. Ich lege größten Wert darauf, dass sich niemand ausgelacht fühlt.

G:
Wie siehst Du die Zukunft des Psychodramas?

H:
Ich bin überzeugt, dass diese Methode sich halten wird. Es ist sicher in Deutschland viel versäumt worden, um die Anerkennung für das psychotherapeutische Psychodrama zu bekommen. Da könnte man noch mehr tun. Aber mal unabhängig davon ist es eine Methode, die in so vielen Bereichen Anwendung finden kann. Immer da, wo Menschen es miteinander zu tun haben, kann man Psycho- oder Soziodrama einsetzen. Egal ob das jetzt Familien, Paare, Arbeitsteams oder Lerngruppen sind. Ich bin sehr zuversichtlich. Es zeigt sich ja auch, dass sie in einigen Ländern, wo man es gar nicht geahnt hätte, eine ganz überraschende Verbreitung gefunden hat.

Ich habe in meinem langen Leben schon so manche Methoden kommen und gehen sehen. Aber das Psychodrama blieb beständig und erobert sich mehr und mehr Terrain auf verschiedenen Anwendungsgebieten.

D:
Das Psychodrama verändert sich und das ist gut so. Aber was, würdest Du sagen, sollte unbedingt erhalten bleiben?

H:
Da ich ja so eine begeisterte Therapeutin bin würde ich sagen, zur Zeit kommt der therapeutische Bereich zu kurz, was mit der Nichtanerkennung

der Methode durch die Krankenkassen zusammenhängt. Ich finde außerdem, das Psychodrama sollte Einzug in den Schulen halten, so wie Alfons Aichinger das macht, den ich für genial halte, den Ansatz, den er gefunden hat. Das würde natürlich den Lehrern viel Neues abverlangen, aber nach meiner Erfahrung ist es so: Wenn die Leute mal gelernt haben, mit dem Psychodrama zu arbeiten, dann profitieren sie selber viel davon. Ich finde ja immer, es strengt eigentlich nicht an. Es ist eine Methode, die aufbaut. Mir ist es schon in der Klinik so gegangen. Wenn ich Klinikgruppen hatte und Kollegen dazukamen, dann sagten sie oft zu mir: „Frau Straub, wenn Sie ihre Gruppentherapie hinter sich haben, sehen Sie ganz erfrischt aus." Dann sagte ich: „Das ist auch so." Und das waren wirklich schwer kranke Menschen in den Gruppen, die stationär behandelt wurden.

D:
Das finde ich einen schönen Indikator für die eigene Reflexion.

H:
Genau, so ist es mir auch immer gegangen. Ja, wie gesagt, ich wünsche mir noch mehr Anwendung von Morenos Methoden in Therapie und Pädagogik.

D und **G:**
Vielen herzlichen Dank für dieses interessante Gespräch, liebe Heika.

Dr. Grete Anna Leutz   Jg. 1930

Gretel Leutz wuchs in Überlingen am Bodensee auf. Nach ihrem Abitur ging sie in die USA und begegnete dort J. L. Moreno. Sie verbrachte ein Jahr in seinem Haus in Beacon, N.Y., konnte Moreno bei seiner Arbeit mit Patienten begleiten und übersetzte sein Buch „Who Shall survive?" ins Deutsche.

Gretel Leutz studierte Medizin in Zürich, Tübingen und Freiburg. Sie promovierte und legte in Chicago ein amerikanisches Staatsexamen ab. Ihre deutsche Medizinalassistentenzeit absolvierte sie in Überlingen und Stuttgart. Im Anschluss war sie fünf Jahre ärztlich-psychotherapeutisch in der schweizer psychiatrischen Privatklinik Dr. Binswanger in Kreuzlingen tätig.

1970 war Gretel Leutz Gründungsmitglied der Sektion Psychodrama im DAGG und von 1973–1979 deren Vorsitzende. 1975 gründete sie das Moreno Institut für Psychodrama, Soziometrie und Gruppenpsychotherapie Überlingen, dessen Leiterin sie 35 Jahre lang war. 1973 war sie Gründungsmitglied und von 1986–1989 Erste Vorsitzende der International Association of Group Psychotherapy (IAGP) und 1996 Gründungsmitglied der Federation of European Psychodrama Training Organisations (FEPTO).

Gretel Leutz leitete unzählige Psychodrama-Fortbildungen und Workshops im In- und Ausland. Sie ist Autorin zweier Bücher und zahlreicher Publikationen zu den Themen Psychodrama und Gruppenpsychotherapie mit Übersetzungen ins Französische, Italienische, Japanische, Türkische, Russische …

Wir begegnen Gretel Leutz im Januar 2004 im Psychodramaforum Berlin.

„Jedes Psychodrama ist eine Offenbarung"

G:
Gretel, Du bist Ärztin und Psychotherapeutin und hast 1975 das Moreno Institut in Überlingen gegründet. Seinerzeit waren die Methode und ihr Begründer Jacob Levy Moreno hierzulande noch kaum bekannt. Wie bist Du denn schon so früh vertraut geworden mit dem Psychodrama?

Gre:
Durch Zufall! Ich war als Abiturientin zu Besuch in Amerika und hatte zuvor schon den Wunsch, Medizin zu studieren. Allein, es fehlte das Geld! Ermutigt durch den hohen Dollar-Wechselkurs beschloss ich, in der wonder-city New York mir zunächst einen Job zu suchen und dann weiter zu sehen. Allerdings sollte die Arbeit auf irgendeine Art zu meinen medizinischen Plänen passen.

G:
Und dabei gerietst Du an Moreno?

Gre:
Ja, auf seltsamste Weise. In einer Konzertpause begegnete ich einem Ehepaar, Eya und Dane Rudhyar, beide Künstler, die zuvor einige Wochen bei Moreno in Beacon, N.Y. gewesen waren. Sie, eine ausgebildete Tänzerin, hatte in Morenos psychiatrischer Privatklinik gelernt, ihren Tanz ins Psychodrama zu integrieren und auf Patienten anzuwenden. Von Moreno und seiner so außergewöhnlichen Therapie-Methode Psychodrama, seinen Büchern und seinen Artikeln in den von ihm herausgegebenen Fachzeitschriften ‚Sociometry' sowie ‚Group Psychotherapy and Psychodrama' waren beide sehr angetan.

Sie berichteten, der Arzt stamme aus Wien und sie bedauerten, seine deutschen Schriften und Gedichte nicht lesen zu können. Interessiert an meinem Arbeitswunsch fiel ihnen ein, dass Moreno ein au pair-Mädchen für seine kleine Tochter suche. „Falls Dich psychiatrische Patienten nicht schrecken, würdest Du gut hinpassen. With that Doctor – you will certainly click." Kurz darauf war ich für ein Jahr in der Familie Moreno gelandet. And „click we did!"

D:
In welchem Jahr war das? Und was hast Du dort alles erlebt?

Gre:
Das war ab Herbst 1951. Die Kooperation mit Moreno dauerte aber bis zu seinem Tode im Mai 1974 und hat sich in Beziehung zu seiner Familie bis heute fortgesetzt. In Beacon fand ich damals in drei verschiedene und doch in sich zusammenhängende Bereiche hinein: In das Morenosche Familienleben, in Morenos literarische Arbeit und in die Psychodramatherapie mit seinen Patienten.

Dass meine au pair Anstellung ein Transfer Morenos soziometrisch-rollentheoretischer Familientherapie auf seine eigenen familiären Probleme war, wurde mir erst im Nachhinein bewusst. Moreno war geschieden und seit kurzem mit seiner kongenialen Frau Zerka verheiratet, seiner unermüdlichen Mitarbeiterin auf der Psychodramabühne, an der Schreibmaschine und auf seinen Reisen. Sein zwölfjähriges Töchterchen Regina war zuvor mit der Mutter von Beacon weggezogen. Die Kleine litt zunehmend an Heimweh, unter Sehnsucht nach dem Vater und legte nicht zu übersehende Schwierigkeiten an den Tag. Ihr Verlangen nach dem Daddy war gut zu verstehen, denn schon immer galt Morenos besondere Zuneigung den Kindern. Doch nicht nur als Vater, sondern vor allem auf dem Boden seiner eigenen soziometrischen Beziehungslehre fühlte Moreno sich verpflichtet, auf die emotionalen Bedürfnisse der Tochter einzugehen. „Reginas problem is sociometric and therefore must be treated sociometrically!"

Und so kam Moreno mit Reginas Mutter überein, das Kind nach Beacon zurück kommen zu lassen. Dies war allerdings nicht ohne weiteres möglich. Moreno und Zerka lebten zwar in einem familiengeeigneten Haus, der Tagesablauf war aber auf ihren außergewöhnlichen Arbeitsrhythmus abgestimmt und passte nicht zu den Bedürfnissen eines Kindes. Unter den gegebenen Umständen hielt Moreno einen Umzug Reginas für inopportun. Soziometrische Planung war daher erforderlich. Sie sah die Integration einer vierten, von außen kommenden Person in die Familienkonstellation vor, und gemäß Morenos rollentheoretischen Überlegungen sollte diese die Rolle einer älteren Schwester seines Töchterchens übernehmen.

D:
Und diese Rollenbesetzung kam Dir zu?

Gre:
Du sagst es! Der Zufall hatte es so gewollt.

G:
Und wie ging es mit den beiden „Schwestern" weiter?

Gre:
Eigentlich unkompliziert. Anfänglich hatte Regina morgens oft keine Lust, in die Schule zu gehen, schaffte es im Gespräch mit mir schlussendlich aber doch. Bei Tisch genoss sie es, mit dem Vater zu plaudern. Hatte sie nachmittags frei, so machten wir kleine Ausflüge, gingen ins Kino, oder ich ließ mir zuhause von ihr über die Schule berichten. Natürlich musste auch ich viel erzählen. Als Regina sich wieder in ihre Schulklasse eingelebt hatte, wurde ich in ihrer Freizeit im Vergleich zu den Schulkameradinnen uninteressanter.

D:
Und so bekamst auch Du mehr Freizeit?

Gre:
So war es. Auch Moreno ist das nicht entgangen. Er ließ mich nunmehr seine bleistiftskizzierten deutschen Briefe tippen. Noch gut erinnere ich mich an seine Korrespondenz mit dem namhaften deutschen Soziologen Leopold von Wiese. Dieser hatte noch vor dem Krieg Morenos berühmtes soziometrisches Standardwerk „Who Shall Survive?" erworben, aber erst nach dem Krieg gelesen, als es mit anderen im Luftschutzkeller verstauten Büchern zum Vorschein gekommen war. Von Wiese war sowohl von Morenos theoretischem als auch praktischem Ansatz bei den inoffiziellen sozio-emotionalen zwischenmenschlichen Beziehungsstrukturen beeindruckt. Er erachtete Morenos nicht grundsätzlich von soziologischen, sondern von therapeutischen Überlegungen ausgegangenen Untersuchungen als revolutionär für die Soziologie und drängte auf eine deutsche Ausgabe des Buches. So kam es, dass Moreno mich mit dessen Übersetzung betraute.

G:
Das muss spannend gewesen sein! Welcher Übersetzer hat das Glück, in täglichem Gespräch mit dem Autor arbeiten zu können?

Gre:
Ja, es war wirklich eine besondere Konstellation; auch eine interessante, denn Moreno arbeitete gleichzeitig mit Zerka an der zweiten englischen Auflage des Buches, die er durch seine seit der Erstauflage von 1934 erzielten Untersuchungsergebnisse und Erkenntnisse erweiterte.

D:
Du hast hoffentlich nicht, wie die beiden, bis in die frühen Morgenstunden daran gearbeitet?

G:
Nicht ganz! Aber ich habe, wo immer ich mich befand, aus dem Buch gerissene Blätter bei mir getragen. Ich übersetzte an meinen freien Tagen im Zug nach New York City oder im Wartezimmer beim Zahnarzt, an allen nur möglichen Orten. Die Ergebnisse las ich Moreno vor und stellte in Ermangelung einschlägiger Vorkenntnisse viele Fragen. Das gefiel ihm. Während er mir seine Überlegungen erklärte, kamen ihm nicht selten neue Ideen zur Darstellung des betreffenden Sachverhalts. Dann konnte es sein, dass er Zerka veranlasste, den entsprechenden bereits fertigen Teil im neuen englischen Manuskript umzuformulieren. Es konnte aber auch umgekehrt geschehen, dass ich ihm eine Übersetzung zeigte, und er bestürzt sagte:„Wie schrecklich, ich habe vergessen, Dich auf die Veränderung dieser Seiten in der zweiten Auflage aufmerksam zu machen!" In solchen Momenten schaute mich Zerka vielsagend an und stöhnte „Who Shall Survive ... that"?

Nun, wir haben es überlebt. Morenos soziometrisches Standardwerk ist noch in etliche andere Sprachen übersetzt worden. Und die deutsche Ausgabe unter dem Titel „Die Grundlagen der Soziometrie" hat seit ihrem ersten Erscheinen drei weitere Nachdrucke erfahren.

G:
Wie hast Du neben diesen Tätigkeiten ins Psychodrama hineingefunden, Deinen ersten Schritt auf die Bühne gemacht?

Gre:
Moreno arbeitete selbstverständlich auch mit seinen Patienten auf der Bühne des an die Klinik angebauten therapeutischen Theaters. Da konnte ich zunächst bei Krankenbehandlungen zuschauen, wurde bald aber auch als Hilfs-Ich eingesetzt.

D:
Wurdest sozusagen ins kalte Wasser geworfen!

Gre:
So war es, in der Tat. Und obwohl ich seinerzeit keinerlei Erfahrung mit psychiatrischen Patienten hatte, überzeugte mich gleich eines der ersten Psychodramen, in denen ich mitspielte, von der Wirksamkeit der Methode.

D:
Erinnerst Du Dich noch daran?

Gre:
Ja, in allen Einzelheiten: Eines Tages ging ein blasser Jüngling in sich gekehrt im Klinik-Park auf und ab. Er war von dem großen „berüchtigten" psychiatrischen Bellevue-Hospital der Stadt New York zu Moreno nach Beacon verlegt worden. Ein besonderer Fall! Sogar die Zeitungen hatten über den Patienten Johnny berichtet. Als noch nicht Sechzehnjähriger war er in einer Soldatenuniform bewaffnet in Washington vor dem Weißen Haus aufgekreuzt, um Präsident Eisenhower zu „beraten". Selbstverständlich wurde er sogleich gefasst und unverzüglich in die Psychiatrie seiner Heimatstadt geflogen, nicht zuletzt weil er als Minderjähriger keine Waffen tragen durfte. Seither sprach er kein Wort, weder in der New Yorker Klinik noch mit seinen Eltern oder in Beacon. Moreno drängte ihn auch nicht, hielt in seiner Gegenwart allenfalls ein Selbstgespräch. Er setzte anfänglich auch nicht Psychodrama ein. Doch als ein alkoholkranker Schauspieler berichtete, er habe dem auch ihm gegenüber schweigenden Mitpatienten Johnny von der Methode erzählt und den Eindruck gewonnen, sie interessiere ihn, erfolgte ein erstes kurzes Psychodramaspiel.

Dieses zeigte lediglich, wie Johnny im Bus nach Washington fuhr, und wie seine Festnahme sich abspielte. Auch dabei blieb er weitgehendst in seinem Schweigen gefangen. Rollentausch war praktisch nicht erforderlich, denn das Vorgehen der Sicherheitsbeamten war aus der Presse bekannt, und die Art der Darstellung bejahte Johnny mit Kopfnicken.

Nach dem Spiel sagte er den nunmehr ihrer Rollen entledigten Mitspielern immerhin: „Ihr seid die Einzigen, die wirklich wissen, wie es mir auf meiner Reise ergangen ist." – „Ein spärliches Psychodrama-Resultat" könnte man denken, und dachte auch ich. Doch dieses kurze Spiel sollte sich wenige Tage später als Erwärmung für ein verblüffendes Protagonistenspiel erweisen.

Wieder im Psychodrama-Theater mit Morenos dreistufiger Rundbühne gab Johnny einsilbig Antwort auf die Frage, wie es vor seiner Washington-Reise für ihn zu Hause war. Man erfuhr, der Vater halte sich den ganzen Tag in seinem kleinen Kolonialwarengeschäft auf, die Stiefmutter oft auch, zum Glück! Johnny hatte keine Geschwister, eigentlich auch keine Freunde, denn die Mitschüler interessierten sich nur für Dinge, die er läppisch fand. Er war ein guter Schüler, vornehmlich in amerikanischer Geschichte.

Für die Darstellung einer ihm wichtigen häuslichen Szene wählte Johnny mich in die Rolle seiner Stiefmutter. Kaum älter als er und ohne jüngere Geschwister aufgewachsen erschien ich mir sehr ungeeignet für die Mutterrolle. Aber Psychodrama ist kein Schauspiel, sondern immer Spiel aus dem Stegreif. Und so lernte ich quasi von selbst, dass man als Hilfs-Ich nicht über die zugewiesene Rolle nachdenken soll, sondern sie lediglich so wiederzugeben hat, wie der Protagonist seine jeweilige Bezugsperson im Rollentausch darstellt.

In der betreffenden Szene stand ich als Stiefmutter am Bügelbrett, als der Sohn, eine Zeitung unter den Arm geklemmt, das Zimmer betrat. Meine mütterliche Frage nach der Schule war natürlich falsch. „Das hat meine Stiefmutter nie gefragt" warf Johnny ein, und das war Grund genug, ihn sofort zu einem Rollentausch aufzufordern. In der Rolle der Stiefmutter spottete er über das ständige Zeitungslesen des Sohnes. Als er wieder in seiner Rolle war, konnte ich diese Vorgabe mühelos nachahmen. Im Zuge mehrmaligen Rollentauschs wurde der Dialog immer gereizter, immer politischer. Als glühender Patriot sprach Johnny der Stiefmutter, einer in Armenien geborenen Einwanderin, das Recht ab, sich zur amerikanischen Politik auch nur im geringsten kritisch zu äußern. Als er mich, „die Armenierin", anzischte: „ Halt's Maul, Du Kommunisten-Sau", schrie ich spontan zurück: „Jetzt reicht's mir aber, raus mit Dir!" und stieß ihn von der Bühne. Aus der Sohnesrolle fallend, fing Johnny laut an zu lachen. „Genau so hat die Stiefmutter mich aus dem Haus geworfen. Ich verließ auch gleich die Wohnung, entwendete Geld aus der Ladenkasse, nahm Vaters Revolver an mich und kaufte mir die Uniform. Die Nacht brachte ich in einem der täglich 24 Stunden lang geöffneten Kinos hinter mich. Am folgenden Tag bin ich nach Washington gefahren. Schließlich kann ich doch nicht mit ansehen, wie unsere Regierung es Kommunisten gestattet, die Vereinigten Staaten von innen her zu unterminieren. Ich wollte Präsident Eisenhower beschwören, härtere Maßnamen gegen den Kommunismus einzuleiten."

Mir zugewandt fragte Johnny: „Wie konntest Du nur meine Mutter so spielen, wie sie tatsächlich ist, ohne sie je gesehen zu haben?"-„Tja, das weiß ich auch nicht. Doch habe ich nicht auch Dich richtig gespielt?", lautete meine Gegenfrage. „Doch!" meinte er nachdenklich.

Dass im Nachgespräch dieser psychodramatischen Szene der Schwerpunkt sich vom weltpolitischen Konflikt zum familiären verlagerte, lag auf der Hand.

In meiner damaligen psychiatrisch-psychotherapeutischen Unbedarftheit verwunderte es mich nach der interaktionellen „als-ob-Erfahrung" keineswegs, dass diese zwei psychodramatischen Spiele den verschlossenen „finsteren Mutisten" in einen zwar noch ratlosen, aber zugänglichen Jungen hatten verwandeln können. Spätere Psychodramen Johnnys handelten vom Tod seiner über alles geliebten Mutter und seiner an und für sich guten Beziehung zum Vater. Ihm konnte er nur die Heirat der Stiefmutter nicht verzeihen. In Zukunftsspielen erwärmte Johnny sich schließlich für die Berufsrolle eines Handelspiloten. Mit dieser Perspektive wurde er in die Obhut des Vaters entlassen.

D:
Wunderbar. Im Psychodrama scheint der Patient nicht annähernd so paranoid gewesen zu sein, wie er in der New Yorker Klinik diagnostiziert und von der Presse dargestellt worden war. Aber vor der Psychodramatherapie gab es offenbar auch in Beacon kein Herankommen an ihn.

Gre:
Das stimmt.

G:
War Psychodramatherapie in Beacon immer so erfolgreich?

Gre:
Keineswegs. Etlichen schwerkranken chronischen Patienten konnte sie allenfalls gelegentliche Erleichterung bringen. Es war die Zeit, in der es noch keine der hochwirksamen Psychopharmaka gab. Da war man schon froh, wenn eine meistens teilnahmslose Patientin zu einer kleinen Kommunikation angeregt werden konnte. Einer solchen wurde z. B. ihr seltsam ritualisiertes Verhalten beim Essen psychodramatisch widergespiegelt und dabei abträglich dargestellt. Wie beabsichtigt, erregte es das Missfallen der Patientin. Darauf angesprochen, zeigte sie überraschend spontan handelnd, wie sie üblicherweise zu essen pflegte. Als Feedback erhielt die Patientin in diesem Falle nur eine Entschuldigung für die Fehldarstellung ihres Essverhaltens und positive Rückmeldungen für die eigenständig dargestellte Korrektur. Das war eine sichtliche Genugtuung für die Patientin und kleine Befriedigung, wenngleich auch nur von kurzer Dauer.

D:
Ich kann mir vorstellen, welch ungeheure Flexibilität Moreno in seinen Begegnungen mit so unterschiedlichen Patienten aufbringen musste.

Gre:
Ja, die hatte er, und deshalb haben sich ihm im Umgang mit den Patienten immer neue adäquate Begegnungsmöglichkeiten ergeben. Aus ihnen hat er die uns bekannten Psychodramatechniken entwickelt. Du glaubst nicht, wie sehr mir diese im späteren Umgang mit psychotischen Patienten zustatten kamen, nicht nur während großer Psychodramaspiele.

D:
Wo warst Du damals? Und was hat Dich am Psychodrama am meisten fasziniert?

Gre:
Ich arbeitete fünf Jahre als Ärztin an der psychiatrischen Privatklinik Dr. Binswanger in der Schweiz, in die einige Jahrzehnte zuvor selbst Freud Patienten überwiesen hatte. Von dort aus betätigte ich mich eine Zeit lang einmal wöchentlich in der C. G. Jung Klinik in Zürich. In beiden Kliniken wandte ich Psychodrama bei psychotischen Patienten an.

Unvergesslich das Psychodrama einer jungen Patientin, deren Befinden sich über viele Wochen verbaler Therapie in der Klinik sehr verschlechtert hatte. Sie stand tagsüber am Fenster der Wachabteilung, aß fast nichts außer Obst und sprach nicht mehr mit ihrem Therapeuten. In Anbetracht ihres Zustands fragte mich der Chefarzt, ob ich mir bei einer solchen Patientin einen Versuch mit Psychodrama vorstellen könne. Ich bejahte. Allerdings stimmte es mich nicht gerade zuversichtlich, mit dieser mir fremden Patientin in einer ihr unbekannten fremden Gruppe zu arbeiten. Doch der Versuch wurde gemacht. Es kam ein unvergessliches Psychodrama in Gang. In seinem Verlauf konnten die bizarren Wahnvorstellungen der Patientin dank deren Verkörperung durch die Mitspieler auf der Bühne „Fleisch und Blut" annehmen, sodass die Patientin als Protagonistin des Spiels sich „hand-greiflich" mit ihren Phantasmen auseinandersetzen konnte. Als nach dem Spiel ein Psychologe und ich sie ins geschlossene Haus zurück begleiteten, sagte sie noch ganz erregt: „Das war unglaublich wunderbar. Zum ersten Mal war ich mit all dem nicht allein."

Mit dieser Aussage hat die Patientin den Kern der psychodramatischen Psychosebehandlung getroffen. Das gemeinsame interaktionelle Erleben ist eine ganz wichtige Grundlage der Psychodramatherapie im allgemeinen und ihrer Psychosentherapie im speziellen. Man kann dagegen halten, dass der Patient im Rahmen einer verbalen Therapie bei guter therapeutischer Beziehung auch nicht alleine ist, was ja stimmt. Aber mit dem Chaos seines inneren Dramas, über das der Psychotiker oft nicht spricht, geschweige denn kohärent berichten kann, und all dessen Schrecken bleibt er doch allein, fernab der äußeren Realität. Durch die spontane szenische Darstellung noch so absurder Inhalte, die Psychodrama dank seiner Techniken dem Patienten auf dem theoretischen Boden der Rollenkomplementarität in Interaktion mit den Hilfs-Ichen ermöglicht, wird das Unbegreifliche greifbar und im Nachgespräch des Spiels oft auch kognitiv begreifbar. Wissend, dass die Hilfs-Iche das innere Drama in all seinen Schrecken unmittelbar miterlebt haben, empfindet der Patient ihre Rückmeldungen als legitim, vermag sie zu akzeptieren und mindestens teilweise zu integrieren.

D:
Das innere Psychodrama des Psychotikers, das Nichtreale, über das der Patient nicht sprechen kann, wird sichtbar im Psychodrama und von allen Anwesenden mit erlebt. Welch einzigartige Form der Gruppenpsychotherapie ist doch das Psychodrama. Mit Deinen Fallbeispielen hast Du meine Frage, was Dich am meisten am Psychodrama fasziniert, eigentlich schon beantwortet.

Gre:
Psychodramatisches Arbeiten ist für mich immer faszinierend. Am tiefsten beeindruckt mich dabei, dass das ganze Bühnengeschehen vom Protagonisten selbst inszeniert wird. Wir Psychodramatherapeuten geben zusammen mit den Hilfs-Ichen ihm doch nur die erforderlichen Hilfestellungen. Das jeweils dargestellte Drama hätte ich mir im vorhinein nie vorstellen können. Alles kommt spontan aus dem Protagonisten, und somit ist für mich jedes Psychodrama eine Offenbarung! Das erlebt Ihr gewiss auch so?

G:
Du sagst es! Immer gibt es im Psychodrama etwas Besonderes, und besonders interessant sind auch seine indikationsspezifischen Variationsmöglichkeiten und unterschiedlichen Anwendungsformen in verschiedenen Berufsfeldern.

Gre:
Als Gegenpol zum psychiatrisch-psychotherapeutischen Psychodrama in der Klinik beeindruckte mich das öffentliche Soziodrama, wie Moreno, seine Frau, sowie die eine oder andere ihrer SchülerInnen es ziemlich regelmäßig in New York City gestalteten. Es war als Hilfsangebot für Menschen auf der Straße gedacht, die mit ihren Belastungen weder Psychotherapie, Beratung noch kirchlichen Beistand in Anspruch genommen hätten. Sie fanden sich sozusagen im Vorübergehen für $ 5.– pro Abend ein. Ermutigt vom Psychodramaleiter benannten sie Probleme wie Versagensängste, Erziehungs- und Beziehungsschwierigkeiten, Arbeits- oder Partnerschaftsbelastungen, Drogenprobleme u. a. m. deren Lösung sie erhofften. Manche der 20–50 oder mehr TeilnehmerInnen wollten auch nur in Gesellschaft ähnlich betroffener Menschen Verständnis und Entspannung finden, andere schauten aus Neugier vorbei. Für die Leute war diese anonyme Erfahrung immer auch eine unerwartete Begegnung mit verständnisvollen

Menschen. Manche TeilnehmerInnen erschienen mehrmals hintereinander, andere sporadisch, etliche blieben weg oder tauchten erst nach längerer Zeit „bedarfsbedingt" wieder auf.

D:
Super! Da bist Du von Beacon aus einfach mitgegangen und hast zugeguckt.

Gre:
Nicht regelmäßig, aber doch hin und wieder, um auch Morenos Soziatrie kennen zu lernen, also sein sozial motiviertes Arbeiten im Unterschied zum psychotherapeutischen.

Unter Soziodrama verstand er natürlich auch die Behandlung intergruppaler Konflikte, wie er sie u. a. in „Who Shall Survive?" beschreibt. Ich selbst sah ihn aber nie auf der Bühne entsprechend arbeiten.

Auch als ich nach meinem Studium in New York lebte, ging ich gelegentlich aus Interesse am Soziodrama in seine City-Praxis. Ich erinnere mich, wie Moreno einmal telefonisch fragte, ob ich vorbeikommen könne. In der Annahme, er wolle mich als Hilfs-Ich bei einem Soziodrama einsetzen oder einen deutschen Brief diktieren, eilte ich hin. Zu meiner Freude wollte er mir aber nur wieder einmal aus seiner deutschen Gedichtsammlung vorlesen. Seine Gedichte stellten schon in meiner Beacon-Zeit eine besondere Verbindung zwischen uns her. Und diese Verbindung kam, als Moreno 1974 auf dem Sterbebett lag, noch ein weiteres Mal auf unvergessliche Weise zum Tragen.

D:
Das muss etwas Besonderes gewesen sein. Magst Du es erzählen?

Gre:
Gerne. Mitte April 1974 telefonierte Zerka, Moreno sei bettlägerig. Er nehme nichts außer Wasser zu sich. Zwei Tage später flog ich nach New York. Im Gepäck hatte ich seine 1920 anonym bei Gustav Kiepenheuer, Potsdam, erschienene Gedichtsammlung „Das Testament des Vaters".

Wieder in Beacon wohnte ich zunächst in der Klinik. Dort hielten sich, seit Moreno sich von der ärztlichen Tätigkeit zurückgezogen hatte, die Ausbildungskandidaten aus aller Welt als „in-students" auf. Es war die Zeit der Jahrestagung der 1942 von Moreno gegründeten American Society of Psychodrama, Sociometry and Group Psychotherapy (ASGPP). Sie war seither alljährlich von ihm mit der J. L. Moreno Lecture eröffnet worden, diesmal musste Zerka Moreno diese Aufgabe übernehmen. Sie bat mich deshalb, ins Wohnhaus umzuziehen, da Moreno offiziell keinen Arzt zu sich ließ. Ich war noch am Packen, als die Haushälterin mich bat, doch sofort zu kommen. Moreno empfing mich ganz erregt mit den Worten: „I must go to the lecture hall". Ich beschwichtigte ihn mit Hinweis auf die noch nicht zur Tagung abgereisten Studenten. Kaum wieder in der Klinik rief mich die Haushälterin erneut zur Hilfe. Jetzt klang Morenos „I must go to the lecture hall" äußerst bestimmt. So konnte nur noch der von ihm selbst entwickelte Realitätstest helfen. Ich bat die Haushälterin: „Let's help the doctor to go." Wir halfen ihm auf die Beine, doch die Beine trugen ihn nicht mehr. Für Moreno, den stets selbstbestimmten aktiven Menschen, muss es der schlimmste Augenblick seines Lebens gewesen sein. Gestützt von uns beiden Frauen ließ er sich in einen Sessel gleiten. Nach einer Weile der Stille halfen wir ihm zurück ins Bett. Er lag mit geschlossenen Augen, aber wacher Mimik. Ich las ihm Gedichte aus dem „Testament des Vaters" vor, bis er einschlief.

Abends kehrte Morenos erste europäische Nachkriegsschülerin, Professor Anne Ancelin-Schützenberger aus Paris, von der ASGPP-Tagung zurück mit der Frage „Lebt er noch?" Moreno schlief. Wir plauderten. Ein schwarzer Student hielt Nachtwache.

Nach geraumer Zeit meldete dieser ratlos: „Dr. Moreno spricht nur noch eine fremde Sprache. Immer wieder scheint er einen Namen zu rufen."

Als ich an sein Bett trat, gewahrte er mich im gedämpften Schein der Nachttischlampe nur langsam. Dann bat er: „Noch ein Gedicht!" Diese Bitte wiederholte er nach Intervallen gemeinsamen Schweigens mehrere Male. Von Stund an konnte er praktisch nur noch deutsch sprechen. Zurückfallen in die Muttersprache war wohl auch eine Art Heimkehr in den transpersonalen Bereich der frühen dichterischen Inspiration seines Lebenswerks.

D:
Beeindruckend!

Gre:
Doch stell Dir vor, drei Wochen später fand dieser Vorgang eine Parallele während des ersten Psychodramaseminars in meinem Haus in Überlingen.

Am letzten Morgen jenes Seminars erreichte mich die telegraphische Nachricht, dass Moreno tags zuvor, am 14.05.1974, fünfundachtzigjährig in seinem Haus in Beacon, NY. gestorben ist. Ich informierte die Seminarteilnehmer und Teilnehmerinnen und sagte ihnen, wie stimmig es mir erschien, dass wir dieses Seminar noch zu seinen Lebzeiten begonnen hatten, und wir es nach seinem Tode beendeten. Es bewegte mich umso mehr, als

Moreno bei seinem Besuch in den 50er Jahren aus dem Fenster blickend zu mir gesagt hatte: „Der Überlinger See sieht aus wie der Hudson bei Beacon. Vielleicht eröffnest Du hier einmal ein Psychodrama-Institut", und ich damals bei mir dachte: „Das sicher nicht!" Und nun war ich doch dabei, nach Jahren allgemein-medizinischer wie auch psychiatrischer Tätigkeit ein solches aufzubauen.

Auf Wunsch der Seminarteilnehmer und Teilnehmerinnen erzählte ich noch einiges über Moreno, über seine Soziometrie und das Psychodrama. Seine wiener literarische Tätigkeit als Mit-Autor und Herausgeber vier expressionistischer Jahresbände erwähnte ich nur nebenbei, zeichneten sich die jungen Leute der 70er Jahre doch nicht durch lyrisches Interesse aus. Dennoch sollte ich ihnen ein für Moreno charakteristisches Gedicht vorlesen. Kaum war es beendet, baten Gruppenmitglieder: „Noch ein Gedicht", lauschten konzentriert und wiederholten dieselbe Bitte mehrmals.

Von der spirituellen Seite Morenos berührt beschlossen sie, nicht sogleich abzureisen. Und so ließen wir das Erlebnis bei einem gemeinsamen Mittagsmahl am See ausklingen.

G:
Gretel, wie ist es denn schließlich zur offiziellen Gründung des Moreno Instituts Überlingen gekommen?

Gre:
Sie erfolgte am 08.04.1975 gemeinsam mit der Gründung des Moreno Instituts Stuttgart. Diesen Institutsgründungen ging am 08.08.1970 die Gründung der Sektion Psychodrama im deutschen Arbeitskreis für Gruppenpsychotherapie und Gruppendynamik (DAGG) voraus – letztendlich als Ergebnis eines Gespräches mit Moreno beim Internationalen Kongress für Psychodrama und Soziometrie 1968 in Baden bei Wien. Damals hatte er mich gefragt, was für die Verbreitung der Methode in den deutschsprachigen Ländern getan werden könnte, und ich hatte den Einfall einer eventuell möglichen Sektionsgründung in dem 1967 entstandenen Verein. Bald nach deren Verwirklichung zeigte sich, dass der in Deutschland schnell wachsenden Nachfrage nach Psychodrama-Weiterbildung im Rahmen der Vereinsstruktur nur schwerlich nachzukommen war. So beschlossen Dipl.-Psych. Heika Straub, ebenfalls Gründungsmitglied der Sektion und direkte Schülerin Morenos, und ich die Gründung der beiden kooperierenden Moreno Institute Stuttgart und Überlingen als Gesellschaften mit beschränkter Haftung. Diese Rechtsform zusammen mit Morenos Genehmigung, den beiden Instituten seinen Namen zu geben, bot Schutz gegen Missbrauch der noch unbekannten Methode durch Unbefugte. Seither

haben beide Moreno Institute viele Hunderte von Psychodramatikern und Psychodramatikerinnen graduiert.

D:
Welch ein schönes Ergebnis, auf das Ihr Moreno-Schülerinnen aus den 50er Jahren zurückblicken könnt!

Gre:
Die Psychodrama-Ausbildung so vieler Menschen mit Hochschulbildung war von großer Bedeutung für den Bekanntheitsgrad, den die Methode in den deutschsprachigen Ländern erlangt hat. Dazu trugen auch die Kurse und Vorträge bei, die ich dreißig Jahre lang bei den Psychotherapietagungen in Lindau und Lübeck sowie in mehr sporadischer Form auch bei anderen Fachtagungen und an Universitäten im In- und Ausland gehalten habe. So hat 1980 die Bundesärztekammer, von der ich zur Vertretung unserer Methode mehrmals eingeladen worden war, Psychodrama als „Fakultatives Zusatzverfahren für die ärztlichen Zusatzbezeichnungen Psychotherapie und Psychoanalyse" in das Curriculum aufgenommen.

D:
Bedauerlicherweise hat der wissenschaftliche Beirat dieser Kammer zwanzig Jahre später die Anerkennung des Psychodramas als wissenschaftliche Methode abgelehnt. Wieso?

Gre:
Das ist tatsächlich bedauerlich, zumal Psychodrama in Österreich seit 1995 sowohl vom zuständigen Ministerium für Gesundheit und Konsumentenschutz als auch vom Hauptverband der österreichischen Sozialversicherungsträger als wissenschaftlich-psychotherapeutische Behandlungsmethode anerkannt ist. Und für Ungarn gilt dies ebenfalls. Dem wissenschaftlichen Beirat in Deutschland konnten die Psychodrama-Therapeuten leider nicht die neuerdings geforderte Anzahl von Evaluationen vorlegen. Das hat etlichen Psychodramatikern allerdings den Anstoß zu Forschung gegeben und sich im Rahmen der 1998 gegründeten Federation of European Psychodrama Training Organisations (FEPTO) zu vernetzen.

G:
Gut, dass Du den internationalen Überblick über diese Entwicklungen hast. Das geht wohl auf Deine Präsidentschaft der Internationalen Gesellschaft für Gruppenpsychotherapie (IAGP) von 1986–1989 zurück.

Gre:
In gewisser Weise. Doch ist die Umkehrung Deiner Vermutung ebenso richtig. Ende der 60er Jahre konnte ich nämlich Psychodrama in Schweden bekannt machen, dank der Einladungen des im ganzen Land für die Einführung psychotherapeutischer Verfahren bekannten Psychiaters Dr. Erich Franzke am Landeskrankenhaus Växjö.

Infolge der Sektionsgründung im DAGG und meiner Aktivitäten in Lindau und Lübeck war mir dies ab Anfang der 70er Jahre in der Schweiz und Österreich ebenfalls möglich sowie Ende jenes Jahrzehnts in der Türkei. Auch zahlreiche Publikationen trugen dazu bei, dass ich 1980 beim Internationalen Kongress für Gruppenpsychotherapie in Kopenhagen von dessen Vorstand, bestehend aus namhaften Gruppenanalytikern und Psychodramatikern, für die Leitung der Amtsperiode 1986–1989 gewählt und angefragt wurde. Wie Du weißt, akzeptierte ich diese Wahl.

Unser Gespräch sollte sich jedoch auf meine wichtigsten Erinnerungen an Moreno beziehen, und so möchte ich mich nicht in Ausführungen über spätere Entwicklungen seiner Triadischen Methode Psychodrama, Soziometrie, Gruppenpsychotherapie verlieren. Nur so viel sei noch gesagt: Sie reussierte in Deutschland, Europa, ja der ganzen Welt. Der Erfolg entspricht heute mehr als nur ansatzweise der globalen Utopie Morenos, wie er sie im ersten Satz seines Buches „Who Shall Survive?" (in deutscher Übersetzung „Die Grundlagen der Soziometrie") zum Ausdruck gebracht hat: „Ein wirklich therapeutisches Verfahren darf nichts weniger zum Objekt haben als die gesamte Menschheit."

G und D:
Liebe Gretel, wir danken Dir für dieses schöne Gespräch.

Dr. Ella Mae Shearon, Ph.D.

Ella Mae Shearon wurde in Kentucky Mountains U.S.A. geboren. Sie studierte Psychologie und promovierte an der Universität Florida zum Thema: „Psychodrama mit Kindern".

1971 begegnete sie auf einem internationalen Kongress in Amsterdam J. L. Moreno. Sie war fasziniert von ihm und wurde seine Schülerin.

Ella Mae Shearon wurde diplomierte Psychodramaleiterin des Moreno Instituts Beacon, New York und anerkannte Ausbilderin TEP (Trainer, Educator, Practitioner) des American Board of Examiners Psychodrama, Soziometrie und Gruppenpsychotherapie. In den USA war sie als Psychodramatherapeutin und -trainerin sowie als Universitätsprofessorin tätig.

1975, ein Jahr nach dem Tod von J. L. Moreno, ging sie nach Deutschland und gründete das Psychodrama Institut Dr. Ella Mae Shearon, Köln. Sie leitete und examinierte Psychodramagruppen auch in der Schweiz, in den Niederlanden, in Sofia und Moskau, in Schweden und Finnland. Sie ist eine der Mitbegründerinnen der FEPTO – Federation of European Psychodrama Training Organisations und war im Vorstand dieser Organisation tätig.

Wir begegnen Ella Mae Shearon im April 2005 in ihrer Wohnung in Köln.

„Wir sind alle Schöpferinnen und Schöpfer"

E:
Meine erste persönliche Begegnung mit Moreno war in Beacon, New York. Ich kam aus Florida, es war Januar und ich kam in tiefen Schnee. Ich lernte Moreno kennen und war begeistert von seinem Charisma, seinem Stil, seinem Wissen, seiner Präsenz und seiner Vision. Ich bewegte mich damals in Kreisen der humanistischen Psychologie, aber ich war nicht satt. Ich war an Heilung interessiert. Ich hatte klinische Psychologie studiert, aber das war nicht ganz mein Weg. Außerdem hatte ich eine Affinität zum Theater und das war das Fundament, das mich zu Moreno hinzog.

Ja, es war ein Geburtsprozess mit Moreno. Jeder Mensch ist ein Schöpfer. Gibt es etwas Interessanteres, etwas Schillernderes, etwas Spannenderes als eine Geschichte auf der Bühne? Als das doing, redoing und wieder doing? Als ein neues Skript zu kreieren? Denn die Menschen, das wisst ihr beide gut, sind identifiziert mit ihrem Skript. Und das ist so falsch, weil jeder Mensch ein kreatives, nicht begrenztes Wesen ist. Das habe ich bei Moreno gespürt, dass man über sich hinausgehen kann und dass man viel mehr kann, als einem in Familie oder Gesellschaft vermittelt wird. Die Möglichkeiten der menschlichen Imaginationsfähigkeit, seiner Identifikation mit allem in der Welt und mit einer kosmischen Identität sind unendlich. Das sind Psychodramatiker. Ich begegne euch gerne, weil wir wahre Schöpfer sind. So, wie alle Menschen Schöpferinnen und Schöpfer sind.

Moreno sagte zu mir: „Du kommst aus Wien." Ich antwortete: „Nein, ich komme nicht aus Wien, aber ich würde gerne aus Wien kommen." Ich bin sehr mit Wien identifiziert und das hat er gespürt. „Du bist für mich," sagte er, „eine Wienerin." Das war faszinierend für ihn, denn sein Schicksal, seine frühe Geschichte, hatte mit Wien zu tun. Wien wird oft als ein Ort geschildert, wo alle Länder zusammenkommen. Und das ist wahr. Das war Morenos Orientierung. Ich habe oft stundenlang mit ihm geredet, weil wir nicht so viele Schüler waren und er mich mochte. Ich habe ihn geliebt und er hat mich geliebt. Er lud mich ein, zu ihm zu kommen und ich glaube, dass er jemanden gesucht hat, der ihm die richtigen Fragen stellen konnte. Wir alle tun das. Ich meine, ihr stellt mir Fragen und ich beantworte sie. Ich habe die richtigen Fragen gestellt und er wollte sie beantworten. Er war schon so um die achtzig und wenn er erzählte, war er atemlos. Er war wie damals in Wien, als er jung war. Ich denke, das war sein psychodramatisches Denken.

G:
Du erzählst, Moreno war ein charismatischer Mann. Er hatte eine besondere Ausstrahlung. Und die Methode? Was hat es ausgemacht, dass Du gesagt hast: „Das ist meins." Hast Du Moreno arbeiten sehen? Wie hast Du Feuer gefangen?

E:
Nachdem ich Moreno kennen gelernt hatte, war mein Leben total umgedreht, durch all diese Gespräche mit ihm. Er hat mich inspiriert, insbesondere was meine Aufgabe betraf. Später sagte er: „Du gehst nach Europa. Du machst Psychodrama in Europa. Du fährst mit mir zu einem Kongress nach Zürich."

Mein Mann und ich sind mitgegangen zu dem Kongress 1973 in Zürich. „Du musst etwas präsentieren. Psychodrama in der Erziehung," meinte Moreno. Ich konnte das und habe etwas präsentiert. Mein Mann war mein Co. Moreno hat mich dort wichtigen Leuten vorgestellt. Er hat mich zur Chairperson gemacht und mich eingeladen, als Gast an der Vorstandssitzung der IAGP teilzunehmen und dort ein wissenschaftliches Papier über Psychodrama vorzustellen. Das war besonders, ich meine, da saßen viele bekannte Persönlichkeiten, sie kannten einander und er sagte: „Hier ist Frau Dr. Ella Mae Shearon." Das war 1973. 1974 ist Moreno gestorben und 1975 bin ich hierher nach Köln gegangen.

Dann war es so: Auf der einen Seite hatten wir Morenos Inspiration, aber darüber hinaus gab es auch in Deutschland viele Türen, die sich auftaten. Über einen Professor an der Universität Göttingen lernte ich das damalige Kölner Therapeuten-Kollektiv kennen. Sie luden mich ein, Psychodrama zu demonstrieren. Es waren sehr viele wichtige Leute da und die Zeit war reif. Ihr wisst, 1975, die Hippiezeit. Alles konnte passieren. Deutschland wurde mein „Locus Nascendi" – der Ort, an dem alles zur Geburt kommt. Dann sind viele Gruppen in Deutschland und der Schweiz entstanden.

Aus diesen Gruppen kamen hunderte von Leuten und sie fingen auch an, Gruppen zu machen. Ich dachte immer wieder: „Man muss die Leute graduieren." Dann hatte ich einen sehr wichtigen Traum. Ich kam in eine meiner Gruppen und sagte: „Ich bin verzweifelt. Ich weiß nicht, was ich tun soll. Ich habe einen Traum gehabt." Sie sagten: „Wir leiten Dich." Ich sagte: „Ihr habt doch noch gar nicht geleitet." Sie antworteten: „Es ist o.k. Wir leiten Dich in diesem Traum." Und sie haben mich geleitet. Bernhard Achterberg hat Moreno gespielt und das Ergebnis war: Ich muss Verantwortung übernehmen und ein Institut aufzubauen. Das wurde im Rollentausch mit dem toten Moreno absolut klar. Das war meine Aufgabe. Bis zu diesem Zeitpunkt war mein Leben sehr unruhig gewesen. Ich war hier eingeladen, dort eingeladen. Ich habe in der Schweiz gearbeitet, in England – überall, und ich war total glücklich damit, weil es zu meiner Persönlichkeit passte. Aber ein Institut, das ist etwas anderes, als frei schwebend durch die verschiedenen Länder und Städte zu reisen und ich wusste, es würde ein langer Weg werden. Das war Ende 1975. Zu diesem Zeitpunkt hatten Gretel und Heika ihre Institut schon gegründet.

Ich habe meine Entscheidung ganz ernst genommen. Es bedeutete, in Deutschland zu bleiben. Wir haben Gruppen, Gruppen, Gruppen gemacht. Ich habe allen meinen Leuten gesagt: „Hier, jetzt leitest Du. Ich zeige es Dir. Du musst mit mir in Kontakt bleiben. Jede Gruppe gibt mir Bescheid, was passiert. Ich werde Dich betreuen, aber Du leitest." Das Ergebnis war, dass in Deutschland mehr Leute ausgebildet wurden als in allen anderen Ländern.

Alle von der DAGG (Deutsche Arbeitsgemeinschaft Gruppendynamik und Gruppenpsychotherapie) anerkannten Psychodrama Institute zusammen haben in Deutschland bestimmt 8.000 Leute zum Psychodramaassistenten, -leiter oder -therapeuten graduiert. Das ist mehr als in allen anderen europäischen Ländern. Möglichweise sind es nur in Südamerika noch mehr. Europa war eine andere Geschichte, ich habe bestimmt in zwanzig anderen Ländern in Europa psychodramatisch gearbeitet, Gretel Leutz und Heika Straub ja auch, das war eine große Entwicklungszeit, eine Pionierzeit.

Ich habe dann die FEPTO, Federation of European Psychodrama Training Organisations, mitbegründet und bin die erste Sekretärin und Vizepräsidentin dieser Organisation. Mittlerweile ist die FEPTO in verschiedenen Ländern vertreten. Das Psychodrama muss sich ausbreiten. Wir als Psychodramatiker können uns nicht verstecken. Psychodrama gehört zu den Menschen, es gehört zur Welt. Es ist eine Lebensphilosophie – ich sage vielleicht nichts Neues – die jeden zur Geburt bringt.

Mein inneres Bild von Moreno war immer dieses. *Sie zeigt uns ein Bild, auf dem Moreno beide Arme zum Betrachter hin ausstreckt.* Das war seine Botschaft. Das ist mein letztes Bild von ihm. Wir haben so viel gesprochen und er sagte: „Geh hinaus! Du gehst nach Europa."

D:
Hast Du Psychodrama direkt von Moreno gelernt?

E:
Ich habe direkt von ihm gelernt, indem er mit mir Psychodrama gemacht hat. Zerka Moreno war meine Haupttrainerin auf der Bühne, aber Moreno

war mein Mentor und hat mich in seinem Denksystem und in Psychodrama ausgebildet. Dann, in einem späteren Gespräch fragte er mich – eine normale Frage für euch beide, weil wir immer mit Zukunftsbildern arbeiten, aber mich traf es damals sehr – er fragte: „Was wirst Du machen?" Und wenn Moreno fragte, was wirst Du machen, dann war man wirklich gefragt. Ich konnte keine alberne Antwort geben. Ich war konfrontiert. Ich ging nach Hause und war unruhig. Ich konnte mich nicht entscheiden. Ich wusste nicht, was ich wollte. Ich kam wieder und er fragte: „Was wirst Du in zehn Jahren sein?" Das ist eine typische Frage. Es ist eine ganz intensive Frage. Ich sagte: „Ja, ich will. Ich mache das. Ich gehe nach Europa." Ich wusste, das ist ein ganz großes Unternehmen für mich, aus den USA wegzugehen: Kinder, Familie, Freunde, Arbeitskollegen, Haus, Auto ...

D:
... andere Kultur.

E:
Andere Kultur. Meine Mutter sagte: „Bleib hier." Alle sagten: „Bleib doch hier."

D:
Andere Sprache.

E:
Das macht mir nicht so viel aus, damit kann ich umgehen. Sprachen lernt man: Das ist etwas Kognitives. Aber emotional ging es bei mir drunter und drüber. Ich war hin und her gezogen: Geh´ ich oder geh´ ich nicht. Aber dann sagte ich: „Ja, ich gehe." Das war ein Jahr nach Morenos Tod.

G:
Wo bekommst Du Deine Kraft, Deine Inspiration im Psychodrama her?

D:
Würdest Du sagen, dass Du einen speziellen Stil hast?

E:
Ich glaube, hier müssen wir zusammendenken. Menschen denken an Stil in dem Sinn, als ob man das lernen könnte. Aber es geht in Schritten: man macht ein doing, ein undoing, ein redoing und man macht einen strukturierten Anfang. Wir denken an Stil in einer bestimmten Weise, aber der Psychodramatiker ist größer als sein Stil. Die Frage ist gut, aber der Psy-

chodramatiker geht mit dem Menschen mit. Der Psychodramatiker spürt: Bist Du bei mir? Oder bist Du es nicht? Was willst Du? Man spürt den Menschen. Man setzt sich dem Menschen aus. Die Menschen verändern sich ein Leben lang. Wenn ich z. B. in ein anderes Land gehe, spüre ich, was die Menschen dort brauchen. Ich frage die Leiter: „Braucht ihr was Besonderes?" Man kann natürlich einen Plan machen. Man geht in eine Gruppe, man macht einen Plan, was man machen möchtest, eine Erwärmung und so weiter. Aber in Wirklichkeit geht es darum, die Menschen zu spüren: Wer steht da? Wie reagieren sie? Was bewegt sie? Das ist Tele. Da ist das Potential, ihre Kreativität und ich überlege, wie ich das optimal in Bewegung setzen könnte. Das Stichwort ist „in Bewegung setzen". Wir setzen es in Bewegung und wir schauen, was passt. Wenn ich also in eine Gruppe komme, mache ich normalerweise eine Erwärmung. Ja gut. Aber vielleicht komme ich überhaupt nicht dazu, weil ich spüre …

G:
… in der Gruppe ist ein anderes Thema.

E:
Ja, wir spüren die Gruppe, denn wir sind Gruppenpsychotherapeuten. Wir sind Soziometriker und wir sind Psychodramatiker. Das dürfen wir nicht vergessen, wir sind alles drei. Wir sind in der Gruppenpsychotherapie. Moreno hat gesagt, Psychodrama, der Schöpfer, the God of love, the God of science. Wir haben hier den Schöpfer, die Liebe und die Wissenschaft, die wir kombinieren. Wir wissen, alles drei gehört zusammen. Wir vergessen manchmal, dass wir Gruppenpsychotherapeuten, dass wir Soziometriker sind. Dann sagen wir: „Ich mag Psychodrama. Ich habe meinen Plan." Hier ist dies und hier ist das. Hier ist die Erwärmung und wir verteilen das Spielen, wir trainieren und wir machen jetzt einen Prozess. Wer ist der nächste, usw.? Das ist nicht der Weg. Der Weg ist wirklich, dass die Liebe mit der Wissenschaft zusammengeht, so dass wir das Training machen und zusammen an etwas arbeiten und dann kommt die Soziometrie, die Wissenschaft von der Gruppe, hinzu. Wo stehen wir? Wie können wir es anders machen? Wofür steht das in Deinem eigenem Leben? Was hat das zu bedeuten? Und das dann zu spielen, ja, das ist es. Auf diese Weise gehen wir von der schöpferischen Kraft des Psychodramas aus, von der Tatsache, dass jede Mensch ein Schöpfer ist. Wenn Du mich fragst, was das Wichtige ist, dann sage ich, dass jeder Mensch ein Schöpfer ist, denn sonst machen wir die Menschen kleiner als sie sind, wir beschränken sie auf eine bestimmte Rolle. Aber das Entscheidende ist doch, aus der Rolle heraus zu kommen und Begegnung untereinander

zu ermöglichen. Wir machen keine Labels. Beim Psychodrama muss man Mut und Glauben haben, dass es schon kommen wird. Man darf keine schwankende Persönlichkeit sein, die haben Probleme damit. Sie machen Vorbereitungen: das, das, das … man muss es loslassen, schauen, vertrauen, denn was ist, ist da.

D:
Das ist immer wieder schwer und gleichzeitig macht es so reich. Ich habe das Gefühl, als Psychodramatikerin bin ich nie fertig. Es ist nie zu Ende.

E:
Ja, das ist wahr. Ihr seid jünger als ich, aber ich bin auch nicht fertig. Wir sind nie fertig.

G:
Du gehst in der Pause einer Sitzung in ein Zimmer oder eine Ecke ganz für Dich alleine und denkst: „Hoffentlich fällt mir was ein."

E:
Es ist ein Geheimnis. Du gehst zu irgendeinem Platz, wo Du alleine sein kannst und dann spürst Du Deinen Weg, eine Minute, eine letzte Sekunde der Klarheit, ja. Dann ist das vielleicht nicht so, aber Du hast mindestens irgendwas, und das kann sich dann auch schnell wieder ändern.

G:
Manchmal, wenn die Gruppen ankommen und in der Küche schwätzen, …

E:
Ja, genau.

G:
… dann kommt mir auf einmal irgendetwas ins Ohr und ich denke: „Das ist doch wunderbar! Das nehme ich für die Anwärmung." Die Gruppe gibt mir schon in der inoffiziellen Phase die …

D:
… Stichwörter.

G:
… die Stichworte oder irgendeine Idee.

E:
Ich mache es immer so, dass, wenn es möglich ist und ich einen Coleiter habe, der sich unter die Leute begibt. Er geht in die Küche und hört. Er sagt mir, was mit dem und dem ist. Das ist wichtig. Dann musst Du nicht alles abdecken, denn, wenn Du leitest, hast Du schon eine Menge zu tun. Aber selbstverständlich spielt Dein Tele zu dem Protagonisten die größte Rolle.

D:
Ja.

E:
Ich finde es spannend, wenn wir alle drei reden. Wir können uns sehr bereichern.

D und G:
Ja.

D:
Ella, hattest Du in Deiner psychodramatischen Karriere besondere Schwerpunkte?

E:
Ja, ich glaube, da muss ich 30 Jahre überdenken, denn ich mache schon 30 Jahre hier in Europa Psychodrama. Früher in Amerika war mein Orientierungspunkt Psychodrama mit Kindern. Darüber habe ich meine Doktorarbeit geschrieben. Dann in Deutschland war das erst nicht so einfach. Wir waren alle gefordert, Leute fürs Psychodrama zu interessieren, ihnen Psychodrama im Allgemeinen zu zeigen, so dass sie sehen konnten, wie sie es für ihren Beruf anwenden konnten. Wir waren Psychodrama, weil wir die ersten waren und erst dann kamen die verschiedenen Schwerpunkte.

Daggis Blomkvist, (*schwedischer Psychodramatiker 1952–2007*) sein Kollege Marc Treadwell und ich, wir haben das surrealistische Psychodrama entwickelt. 1985 organisierten wir einen Kongress in Barcelona mit dem Thema: „Surrealistic Psychodrama". Wir haben Aspekte von Dali und Miro in Verbindung mit Morenos surplus reality gebracht. Später gab es weitere Kongresse in Lissabon und Amsterdam. Das waren eigentlich die Vorgänger von Surplus, wie es sich jetzt entwickelt hat. Surplus gab es schon lange bei Moreno, aber wir haben die Surplus-Ideen weiterentwickelt. Daggis ist dann zur Mythologie übergegangen und hat sie mit Surplus durchdrungen.

Ich war immer gruppenbezogen, denn ich war in so vielen verschiedenen Gruppen und Ländern. Ich wollte sehen, was Gruppen brauchen. Meine Aufgabe war, zu lehren, d. h. mit allem zu arbeiten, was kommt. Beim Surplus aber habe ich mich im eigentlichen Sinne zur Expertin entwickelt. Dafür habe ich mich immer interessiert, genauso wie für die Arbeit mit Träumen, für alles vom Surrealistischen bis zur Surplus Realität. Im Moment habe ich eine Gruppe, die nächstes Jahr ihren Abschluss machen wird und wir werden zusammen ein Buch über Surplus Realität schreiben.

Ich finde Surplus ist der Weg in alles, egal, mit wem Du arbeitest. Es kommt nur darauf an, wie man das definiert. Du arbeitest z. B. mit Süchtigen. Da ist die Frage doch: Was haben diese Menschen für eine Vorstellung von ihrem Leben? Was stellen sie sich vor, wie ihr Partner oder ihre Partnerin lebt? Was stellen sie sich vor, was ihr Vater von ihnen will? Wie stellen sie sich ihre Zukunft vor? Wenn ich mit Surplus arbeite, fange ich mit der Frage an: Was bist Du für eine Farbe? Das ist interessant. Es geht um Vorstellungen. Diese Vorstellungswelten können in der Zukunft sein, oder im Hier und Jetzt. Du findest z. B. Du bist rot. O.K. Wo finden wir rot? Rot finden wir nicht so sehr im Wald, vielleicht die Sonne im Wald oder was auch immer. Und dann entwickeln wir eine Szene dazu und spielen sie, immer von der Phantasie, von der Imagination geleitet. Oder: Wenn Du ein Vogel wärst, was für ein Vogel wärst Du? Oder was für ein Tier? Usw. Das ist der Anfang von Surplus und es geht dann darum, das in Beziehung zur Alltagsrealität zu setzen. Wie kann man das anwenden, um anders zu leben, um etwas anders zu machen? Ich würde sagen, Surplus-Realität, als Lehrmethode, war mein großer Erfolg.

D:
Ist ein Traum auch Surplus-Realität?

E:
Ja, man könnte das so sehen.

D:
Wenn z. B. ein Traum endet und wir spielen ihn auf der Bühne weiter und wir fragen den Protagonisten: Wie hättest Du es denn gerne gehabt, dass Dein Traum ausgeht?

E:
Die Abschlussphase einer Protagonistenarbeit ist sowieso manchmal Surplus. Wo würdest Du gerne sein? Was würdest Du gerne geträumt haben? Es sind Wunschbilder, viel Wunschbilder. Oder: Was hindert Dich daran,

etwas von diesen Wunschbildern zu verwirklichen? Und dann geht es darum dieses Bild zu gestalten und zu verstärken. Du arbeitest mit Menschen, die ein Selbstkonzept aufbauen müssen.

G:
Ich arbeite viel mit der Frage: Wie hätte es sein können? Oder: Wie würdest Du heute reagieren? Da ist Surplus sehr hilfreich.

E:
Das ist das klassische Format. Surplus spielt, wie gesagt, in der Abschlussphase eine große Rolle. Surplus, wenn wir an die Bühne denken … Also hier war die Bühne *(Ella zeigt ein Bild der Moreno Bühne in Beacon)* Die Hauptbühne war für das Spiel und das Interview. Seht ihr die Stufen?

Die erste Stufe war ursprünglich zum Interviewen gedacht. Psychodrama ist eine Brücke zwischen subjektiver und objektiver Realität. In der Surplus Realität schmilzt das zusammen, aber mit einem stimmigen Ende. Surplus beginnt also schon von Anfang an. Der Protagonist ist in Bewegung gebracht, bis hin zur vierten Stufe der Bühne oben auf dem Balkon, wo er als Gott oder mit Gott sprechen kann.

Zerka Moreno sagt: „All the levels of the stage lead to surplus reality once you step upon them, but you are closer to everyday reality, when you first get up."

Surplus ist überall mit dabei und befreit die Denksysteme. Zum Beispiel haben wir auch viel mit Lügeninterview gearbeitet. Oder das Zwillingsthema. Kennt ihr das?

D:
Zwillinge?

E:
Zwillinge. Ja! Wunderschön. Ich erzähle es Euch kurz: Wenn Du geboren wirst, hast Du immer einen Zwilling. Man beginnt mit einer Szene, so wie Du gerade lebst. Eines Tages klopft es an der Tür. Es ist Dein Zwilling, Dein Zwillingsbruder, Deine Zwillingsschwester. Was denn? Zwilling, wo warst Du die ganze Zeit? Ja, wer bist Du? Was hast du gemacht? Was tust Du jetzt?

Dann geht es weiter: Komm doch hier ins Wohnzimmer. Wir reden miteinander. Seit Jahren habe ich Dich nicht gesehen. Wo warst Du? Was hast Du die ganze Zeit gemacht? Der Zwilling wird interviewt. Oft entspricht der Zwilling dem versteckten Wunschbild des Protagonisten oder einem anderen Teil von ihm. Es gibt eine Reihe von Dingen, die wir da machen können.

Ich habe auch international sehr viel mit Surplus gearbeitet. Vor allem im Osten in den letzten Jahren. Bulgarien, Russland. Russland hat sich toll entwickelt und in Sofia, in Bulgarien, gibt es sieben Gruppen, die jetzt unter dem Namen ‚Institut für Psychodrama Dr. Bernhard Achterberg' arbeiten. Bernhard war ein beliebter Schüler von mir. Leider ist er vor ein paar Jahren gestorben. Besonders in Bulgarien war er sehr beliebt und hat pausenlos mit Leidenschaft das Psychodrama dort unterstützt. Der Osten ist einfach reif fürs Psychodrama. Die Menschen dort hungern, brennen auf Psychodrama. Vor einigen Monaten habe ich in Bulgarien eine große Gruppe geleitet und abends wollten sie immer noch weitermachen. Ich meine, wir arbeiten Freitagabend, Samstag den ganzen Tag und Sonntag. Sie wollten nicht aufhören. Am Samstagabend hatten wir einen offenen Abend für die Psychodramagruppe und andere Interessierte aus der Gesellschaft. Ich habe Morenos Rede gehalten sowie psychodramatisch und soziodramatisch mit ihnen gearbeitet, sodass sie nun selbst etwas aufbauen können.

D:
Wir sollten noch ein bisschen über die Zukunft sprechen.

E:
Ja, sehr gerne.

D:
Was sind Deine Zukunftsvisionen? Wo liegt die Zukunft des Psychodramas?

E:
Wir haben heute einige Psychodramatiker, die andere Themen bearbeiten. Z. B. arbeiten sie mit Playback-Theater im Management und sind sehr erfolgreich. Ich habe einige davon graduiert. Das müssen wir alles zusammenbringen, sodass sich ein umfassendes Bild ergibt, das auch das therapeutische Psychodrama mit einschließt. Wenn wir an das Psychodrama denken, müssen wir also nicht nur an Selbsterfahrung und ‚Leiten lernen' denken. Das ist ein falsches Bild. Wir müssen auch an andere Zielgruppen denken. Wie öffnet man das Psychodrama für breite Schichten der Gesellschaft, das ist die Frage.

Dann, denke ich, müssen die Rollen von Männern und Frauen geklärt werden. Wenn das klappt, haben wir mehr Männer, die für das Psychodrama arbeiten. Diese Männer arbeiten dann nicht nur mit Playback oder in der Supervision mit Geschäftsmännern, sondern sie leiten auch Selbsterfahrungsgruppen. Meine Vision ist, dass die Frauen den Männern Platz geben und sie unterstützen. Versteht ihr? Wirklich. Hier in Deutschland.

Dann wird das eine bessere Gesellschaft. Die Frauen sollten Männer unterstützen und für das Psychodrama interessieren.

Eine weitere Zukunftsvision könnte auch sein, das Psychodrama ans Theater zu bringen. Ich habe schon mit Opernsängern gearbeitet, hier im Kölner Opernhaus, ihre persönlichen Probleme oder ihre Problem mit einer Rolle kamen auf die Bühne. Dann muss von Deutschland ausgegangen werden in andere Ländern. Geht hinaus, geht dorthin, wo es Euch hintreibt. Lernt Englisch, geht in andere Ländern. Englisch ist die Psychodramasprache in Europa.

Außerdem denke ich, dass die Menschen heute zu sehr am Geld orientiert sind. Ich finde, wenn etwas aufzubauen ist, einfach machen und nicht ans Geld denken. Wenn es heißt: „Wir haben kein Geld mehr." Mein Gott! Wer ist so ein Mensch, dass er Geld fordern würde, wenn Menschen kein Geld haben. Versteht ihr? Die Menschen müssen bereit sein, nicht immer an sich zu denken. Die Begründerinnen des Psychodramas, die ihr kennt – ich meine, wir alle – haben nicht an Geld gedacht. Wir dachten an die Ausbreitung des Psychodramas. An die Idee! Denken wir für die Welt. Man muss mehr Vertrauen haben, Menschen aufzubauen, von Anfang an. Man muss gute Selbsterfahrung machen und das Psychodramas überall anwenden. Deutsche müssen Englisch lernen und in die ganze Welt gehen. Ja, ich habe einen Auftrag für Euch!

Unsere Aufgabe ist es, Veränderungen in der Gesellschaft zu bewirken, was nötig ist. Ich wünsche Psychodrama in allen Aspekten, ich wünsche, dass Politiker ein Psychodramatraining machen.

D und G:
Oh ja.

E:
Ich wünsche, sie würden lernen, einen Rollentausch mit anderen Menschen zu machen. Ich könnte endlos weiter erzählen, was ich wünsche ... Z. B. dass sich das Psychodrama in den USA ausbreitet, oder dass Psychodrama auch im Schulsystem realisiert werden kann. Die Erzieherinnen in den Kindergärten z. B. könnten sehr gut den Kreativitätsaspekt des Psychodramas nutzen. Die Grundschullehrer könnten mehr mit Soziometrie arbeiten: Wie lernt man neue Rollen in einer neuen sozialen Situation? Vor allem die Lehrer sollten mehr über Soziometrie wissen. Sie könnten von der Soziometrie lernen, wo die Kinder im Klassenzimmer sitzen zum Beispiel. Sie könnten sich darüber Gedanken machen, wie sie die Schulbänke anders stellen könnten. Und sie könnten immer wieder eine neue Soziometrie machen, so dass die Kinder andere Rollen lernen.

D und G:
Ja.

E:
Wir wollen andere Rollen lernen im Leben und nicht nur das leben, was uns vorgegeben ist, sondern wie wir eigentlich sind oder sein könnten. Man braucht eine neue Jacke ab und zu, eine neue Idee.

G und D:
Ella, wir danken Dir für dieses schöne Gespräch.

III. Grenzenlos experimentieren

Sarah H. Kirchknopf   Jg. 1939

Sarah Kirchknopf wuchs im Schwäbischen auf und wurde nach dem Abschluss der Höheren Handelsschule für Mädchen Stenokontoristin in der chemischen Industrie und später Chefsekretärin bei einem Verlag.

1968 war sie Gründungsmitglied des Stuttgarter Kinderladens, in dem sie von 1969 bis 1972 regelmäßig mitarbeitete. Von 1972 bis 1977 absolvierte sie eine Weiterbildung zur Psychodramaleiterin am Moreno Institut Stuttgart und von 1972–1974 eine Ausbildung zur tiefenpsychologisch orientierten Elternseminarleiterin an der Stuttgarter Akademie für Tiefenpsychologie und analytische Psychotherapie e. V.

1975 gründete sie das Moreno Institut Stuttgart mit, war dort von 1974–1999 Geschäftsführerin und Lehrbeauftragte für Fort- und Weiterbildung, sowie Mitarbeiterin in einer psychologischen Ambulanz für Einzel-, Paar- und Gruppenpsychotherapie.

Sarah Kirchknopf war regelmäßig Gastdozentin am Evangelischen Institut für Jugend- und Sozialarbeit Burckhardthaus e. V. Gelnhausen, beim Diakonischen Werk Württemberg, bei der Gesellschaft für analytische Gruppendynamik, München und an der Fachhochschule für Kunsttherapie, Nürtingen.

Wir begegnen Sarah Kirchknopf im Juli 2004 in ihrer Wohnung in Stuttgart.

„Die Anfänge waren wilde Zeiten"

D:
Sarah, wie bist Du zum Psychodrama gekommen, was hat Dich fasziniert?

S:
Wenn ich auf mein 43-jähriges Berufsleben zurückblicke, kommt mir in den Sinn, dass ich immer ein gutes Gespür für den Zeitgeist und die damit zusammenhängenden Themen hatte. Als junge Frau, Anfang der 60er Jahre, arbeitete ich mit großem Engagement bei einer Zeitschrift, die damals in der Bundesrepublik Deutschland als revolutionär galt: „DM – Deutsche Mark". Die Konsumwelle löste gerade die Fresswelle ab. Der Verleger Waldemar Schweitzer gründete die erste Testzeitschrift und veröffentlichte Prüfberichte über die Qualität von Anzügen, Kühlschränken, Autos etc. Das war eine echte Pionierleistung und ich war von Anfang an dabei.

Als ich 1965 Mutter wurde, musste ich dort aufhören. Beim Ostermarsch 1967 trafen mein Mann und ich auf Gleichgesinnte, junge Eltern wie wir, die sich in der Außerparlamentarischen Opposition engagierten und dem Sozialistischen Deutschen Studentenbund nahe standen. Wir machten uns Gedanken über eine „andere" Kindererziehung und gründeten den ersten Kinderladen in Stuttgart. Gerhard Bott von der ARD drehte damals einen Film über drei Kinderläden in der Bundesrepublik. Seiner Meinung nach gehörten der Frankfurter, Berliner und der Stuttgarter Kinderladen zur Avantgarde der Kinderläden mit revolutionären Erziehungsmodellen. Das dazu verfasste Buch „Erziehung zum Ungehorsam" erschien 1970 im März Verlag.

Eine wilde Zeit, alles ging aus den Fugen. Aus heutiger Sicht würde ich sagen, nicht nur die Kinder waren mit der „Selbstregulierung" („müssen wir schon wieder spielen, was wir wollen?") überfordert, auch wir Erwachsenen kamen an unsere Grenzen.

In dieser chaotischen Situation begegneten wir Heika Straub. An der Universität Stuttgart im Studium Generale stellte sie das „Psychodrama" vor. Einige Genossinnen waren beeindruckt. Es gab im Kinderladen heftige Debatten zwischen dem radikalen und dem eher gemäßigten Flügel in der Elternschaft. Die einen sagten: „Wir wollen die Gesellschaft verändern, dazu brauchen wir doch keine Psychologen" und die anderen entgegneten: „Das geht hier aber so nicht weiter in diesem Chaos." Letztere Position setzte sich durch und Heika Straub kam zu uns in den Kinderladen. Sie arbeitete psychodramatisch mit den Eltern, Kindern und Erzieherinnen über mehrere Monate. Es war sehr interessant, wenn z. B. vierjährige Kinder im Rollentausch die Erwachsenen spielten!

So begann meine Zusammenarbeit mit Heika Straub. Sie fand mich talentiert. Bald nahm sie mich in therapeutische Kindergruppen und ein Forschungsprojekt auf. Ich wurde erst Mitglied in der so genannten „Dienstagsgruppe" – einer Selbsterfahrungsgruppe mit Ausbildungscharakter – und wieder war ich in einer Pionierzeit gelandet. In Deutschland begann man sich für Psychologie, Selbsterfahrungsprozesse, Gruppendynamik etc. zu interessieren. Ich war begeistert und sehr engagiert.

D:
Die Gruppe wurde von Heika geleitet?

S:
Ja, in Süddeutschland gab es außer ihr und Gretel Leutz in Überlingen niemanden. Es war eben eine aufregende Pionierzeit. Zulassungsseminare gab es damals noch nicht, auch keine Zulassungskriterien. Man konnte einfach kommen und mitmachen, ob Arzt, Psychologe, Jurist, Journalist, Hausfrau. Wir kamen aus diesem Chaos auch zur Ordnung und es entwickelte sich eine Struktur. Parallel zum Psychodrama absolvierte ich an der Stuttgarter Akademie für Tiefenpsychologie und analytische Psychotherapie e. V. eine fünfsemestrige Ausbildung zur „Tiefenpsychologisch orientierten Elternseminarleiterin". Da wir dort sehr viel Theorie vermittelt bekamen, war dies eine sinnvolle Ergänzung zur Psychodramaausbildung nach Moreno. Das war 1972–74. Heikas Ausbildungsgruppen entwickelten sich erfreulich weiter. Wir hatten großen Zulauf. Ich übernahm die Verwaltung und Organisation, da kam mir meine vorige Tätigkeit zugute.

G:
Hieß es damals schon Psychodrama?

S:
Ja – von Anfang an. Wir hatten aber noch kein festes Domizil. Die Seminare fanden mal hier, mal dort statt. Das war irgendwann nicht mehr zu bewältigen und Heika mietete sehr schöne Räume in der Hauptmannsreute, Stuttgarter Halbhöhenlage, an. Eine Rechtsform gab es noch nicht. Heika war außerdem voll berufstätig und konnte ab einem gewissen Zeitpunkt nicht mehr alle Gruppen leiten. So wurden wir früh in die Pflicht genom-

men. Gruppen tagten parallel. Heika fing in der einen Gruppe an, nach 1 ½ Tagen kam sie in die Parallelgruppe und wir Youngsters übernahmen die Leitung in der anderen, natürlich unter Supervision. So etwas kann man sich heute gar nicht mehr vorstellen. Es war eben eine Pionierzeit, spannend, und wir waren alle voll Engagement dabei. Das Psychodrama bewegte uns über die Gruppen hinaus in unser Privat- und Familienleben hinein. Wir waren einfach „psychodramabewegt".

G:
Wie kam es dazu, dass Heika eine GmbH gründete?

S:
Wir bewegten uns damals quasi in einem rechtsfreien Raum. Wir mussten uns für eine Rechtsform entscheiden. Aber welche? Es gab – wie damals überall – viele Debatten und Heika wollte diesen Prozess auch demokratisch (oder wie damals gesagt wurde: basisdemokratisch) gestalten. Gründen wir einen Verein, eine GmbH, eine GbR oder was? Zunächst diskutierten wir die Gründung eines Vereins. Aber, wie gesagt, es war die antiautoritäre Zeit und die potentiellen Vereinsgründer (sieben mussten es ja mindestens sein) überlegten sich schon im Vorfeld Strategien, wie Heika, die natürlich den Vorsitz beanspruchte, als Autorität abzuwählen war. Für Heika war damit eine Vereinsgründung vom Tisch. Wir holten den Rat von Fachleuten ein und entschieden uns für eine GmbH. Gesellschafter in dieser Gründungsphase waren Heika Straub, Ursula Kuypers, Zerka Moreno und ich.

D:
Wie kam es, dass Du beim Psychodrama geblieben bist?

S:
Das Psychodrama war für mich wie ein Elfer im Toto. Durch meine aktive Mitarbeit im Kinderladen war ich für die therapeutische Arbeit mit Kindern schon angewärmt. Das Kreative, das Darstellende, das den Dingen auf den Grund gehen, kommt meiner Struktur sehr entgegen. Ich arbeite einfach gerne mit Gruppen. Angezogen fühlte ich mich auch von der humanistischen Psychologie, die sich in wesentlichen Punkten, vor allem im Menschenbild, von der Psychoanalyse unterscheidet. Im Mittelpunkt steht der schöpferische Mensch, man strebt an, authentisch zu sein, ganzheitlich und beziehungsfähig. Das sind Aspekte, die meiner Persönlichkeit entgegenkamen. Das streng Psychoanalytische hatte ich ja auch kennengelernt.

G:
Wenn ich Dich richtig verstehe, bist Du als erstes von der Methode angezogen worden und nicht so sehr von Personen.

S:
Das kann ich in diesem Fall gar nicht trennen. Heika war die Repräsentantin von etwas ganz Neuem und eine tolle Frau für uns, die damals 30-Jährigen. Es war einfach beides – die Faszination der Person, die Identifikationsfigur und die Methode selbst. Dazu kommt, ganz wichtig, der Zeitgeist.

G:
Hattest Du irgendwann auch mal Zweifel, ob das der richtige Weg ist?

S:
Nein. Ich war überzeugt und es war für mich klar: Mein Weg geht hier weiter. Ich habe mich auf den Institutsaufbau mit all meiner Kraft und Energie eingelassen. Auch zum Leidwesen meiner Familie. Ich war Gesellschafterin, also Unternehmerin, mehrere Jahre Geschäftsführerin und hatte die organisatorische Leitung, zusätzlich leitete ich Weiterbildungs- und Selbsterfahrungsgruppen, Supervisionen, Fortbildungen etc. Es war kein einfacher Weg, das kann ich heute rückblickend sagen.

D:
Hast Du von Heika einen bestimmten Stil gelernt?

S:
Ja, sicher das habe ich.

D:
Kannst Du diesen Stil beschreiben?

S:
Die Ausgewogenheit von Gruppen- und Protagonistenarbeit beispielsweise und natürlich die vielen Techniken und zur richtigen Zeit die richtige Technik.

G:
Hast Du diesen Stil für Dich abgewandelt?

S:
Am Anfang meiner Leitung saß ich oft in der Gruppe und dachte: „Was würde Heika jetzt machen?" Eines Tages gab mir ein Gruppenmitglied als Feedback. „Das ist ja Straub-Verschnitt." Oh je – das musste ich dann eben akzeptieren, es war ja auch was dran. Gruppen haben eine sehr differenzierte Wahrnehmung. Ihr müsst Euch das mal vorstellen: Die erste Leitungsgeneration nach Heika war weder graduiert noch fertig mit der Weiterbildung noch sonst was. Wir wurden gebraucht und einfach ins kalte Wasser geworfen – und wir haben uns freigeschwommen. Ich habe dann auch über den Tellerrand geschaut und Seminare in anderen Methoden besucht. In guter Erinnerung sind mir dabei Hilarion Petzold und Wolfgang Schmidbauer. Mit Wolfgang Schmidbauer entwickelte sich eine gute Zusammenarbeit sowohl bei der GAG in München als auch am Moreno Institut Stuttgart. Von ihm lernte ich z. B., dass „jeder, der sich auf eine Selbsterfahrungsgruppe einlässt, seine eigene Sozialisation wiederholt – unbewusst." Es war hoch interessant, wie er aus der Sicht des Gruppenanalytikers meine Psychodramaarbeit auswertete. Erfüllt mit neuen Erkenntnissen und Ideen kehrte ich von so einem Seminar zurück und nach einer gewissen Zeit kommt man doch wieder zum eigenen zurück und findet zu seinem ganz persönlichen Leitungsstil.

Im Alter von fünfzig dachte ich: Im Außen wird sich nicht mehr so viel ändern, ich muss mehr nach Innen schauen, um meinen Weg zu gehen. Wer sucht, der findet. Ich begegnete viel Neuem. Ich wurde Mitglied einer Meditationsgruppe. Wir meditierten, beschäftigten uns praktisch und theoretisch mit Ritualen und Zeremonien, lasen die entsprechende Literatur und tauschten uns in der Gruppe darüber aus. Das war eine fruchtbare Zeit für mich.

Dann sah ich zufällig zu später Stunde im ZDF eine Sendung, die hieß: „Alles hängt mit allem zusammen", was ja auch Morenos These ist. Das war Ende 1989. Die Sendung war ein Interview mit dem Religionsphilosophen Professor Raimon Panikkar und seinen Gedanken zu einem neuen Weltbild. Ich war tief beeindruckt von diesem Mann und ich unternahm einige Anstrengungen und Recherchen, um in Kontakt mit ihm zu kommen. Persönlich bin ich ihm dann in mehreren Seminaren begegnet. Hier wurde mir eine Dimension menschlichen Seins vermittelt, die weit über die Psychologie hinausreicht.

Diese Erlebnisse und Begegnungen flossen wieder in meine Arbeit ein. Zum Beispiel gibt es traumatische Ereignisse, bei denen man als Psychodramatikerin lieber darauf verzichtet, „das wahre zweite Mal" auf die Bühne zu bringen. Ich fühlte mich sicher darin, stattdessen Rituale zu inszenieren, die heilend wirken können. Voraussetzung ist ein tiefes Vertrauen in die

Leitung und die Gruppe. So kann ich heute aus Erfahrung sagen, dass sich mit der eigenen Entwicklung auch der Leitungsstil ändert. Die beruflichen und privaten Erfahrungen, der eigene Reifungsprozess sind entscheidend. Es wäre schlimm, wenn es nicht so wäre. Da kann ich Berthold Brecht zustimmen, der den Satz prägte: „Was sich nicht ändert, dauert nicht."

D:
Wenn ich Dir zuhöre denke ich, dass das Psychodrama eine Methode ist, die viel Platz lässt für den eigenen inneren Weg. Eine Methode, die es möglich macht, das, was aus Deinem eigenen Inneren kommt, in Deine Arbeit einfließen zu lassen.

S:
Das finde ich sehr wichtig, aber es gehört schon in den Bereich eines fortgeschrittenen Psychodramatikers. Es setzt ein tiefes Vertrauen in sich selbst und den Respekt vor der Persönlichkeit des Protagonisten voraus. Es ist ein beidseitiges Geben und Nehmen.

G:
Hast Du Moreno persönlich kennen gelernt?

S:
Leider nicht. Aber Zerka. Das war Anfang der 80er Jahre. Sie machte einen Workshop am Moreno Institut.

G:
Wie war das für Dich, sie zu erleben?

S:
Sehr eindrucksvoll. Wir hatten alle große Erwartungen an sie. Ich war im Seminar Protagonistin mit einer sehr schrecklichen Begebenheit von Leben und Tod, die sich kurz vor dem Seminar in meinem Umfeld ereignet hatte und die für mich persönlich einschneidende Veränderungen brachte. Ihr Leitungsstil war sehr direkt und nichts aussparend. Ich musste das alles noch einmal erleben. Der Tod war danach für mich kein Tabu mehr und später konnten die Gruppenmitglieder dieses Thema dann auch unter meiner Leitung einbringen.

D:
Uns geht es in diesem Gespräch auch um Frauen im Psychodrama. Es

waren Frauen, die das Psychodrama nach Deutschland brachten und sie waren Gründerinnen der ersten Institute.

S:
Ja. Ganz zu Beginn war auch noch Hilarion Petzold in der Sektion Psychodrama im DAGG. Er wechselte dann aber zu den Gestalttherapeuten.

G:
Gibt es aus Deiner Sicht einen besonderen Grund dafür, dass gerade Frauen die Gründerinnen waren?

S:
Da kann ich nur spekulieren. Ob es etwas mit Moreno zu tun hatte oder mit der Nachkriegszeit oder ...?

G:
Gibt es einen typisch weiblichen Leitungsstil?

S:
Nach meinem Erleben hatte das Psychodrama seit Anbeginn in Deutschland mehr Zulauf von Frauen als von Männern. Eine Gruppe von 6:6 war schon eine Besonderheit. Vielleicht fühlen sich Männer eher zu Methoden wie z. B. der Gruppendynamik oder der Gesprächstherapie hingezogen? Vielleicht sind Spielfreude und Empathie nicht gerade männliche Stärken. Die Gruppendynamik setzt andere Schwerpunkte. Da geht es viel um Macht und Einfluss und man konnte damit auch mehr Geld verdienen. Das ist für Männer ein wichtiger Aspekt.

G:
Ich finde es spannend, dass gerade zwei Frauen nach Amerika gingen, um diese Methode zu lernen, zurückkamen und Institute gegründet haben.

S:
Ja, zwei deutsche Frauen, gleich Anfang der fünfziger Jahre, also nicht lange nach Kriegsende. Das ist schon mutig. In der ersten Generation der Moreno-Schüler gab es sowohl Frauen als auch Männer. Männer konnten sich aber wohl weniger auf das Experimentelle einlassen. Da stand die Karriereplanung eher im Vordergrund. Wir wussten ja damals nicht, wie sich die Institute entwickeln würden. Wir planten von einem Jahr zum anderen. Wir Frauen haben uns damals sehr mit Heika identifiziert und

auseinandergesetzt. Dass die Identifikationsfigur eine Frau war, hat sicher für Frauen eine gewisse Rolle gespielt: „Da muss man hin."

D:
Dass Frauen nach Frauen gesucht haben, die ihnen ein Vorbild sein konnten, weil sie etwas Neues und Interessantes machten.

S:
Wir, d. h. die Kriegsgeneration, sind ja noch mit einem ganz anderen Frauenbild aufgewachsen, den KKK-Frauen[1]. Das wollten wir nicht weiterführen und suchten nach anderen Vorbildern. Es war eben auch die Zeit, in der sich die Frauen auf den Weg machten. Die Männerwelt war etabliert oder sie wollte ihre Zukunftsplanung auf sichere Fundamente stellen. Das ist nichts Ungewöhnliches. Ich persönlich habe aber immer sehr gerne mit gemischten Gruppen gearbeitet. Als dann die Frauenbewegung in voller Blüte stand, war die zunehmende Verunsicherung der Männer in den Gruppen deutlich zu erleben. Machos sollten sie nicht sein, Softies waren auch nicht mehr interessant. Ja, wie bitte, sollten sie denn sein?

Manchmal bekam ich schon Mitleid mit den Männern. Sie kriegten eine zeitlang nur noch auf die Mütze. Sie konnten es den Frauen einfach nicht recht machen. In der Regel waren sie auch noch in den Minderheit. Am Schluss meiner Weiterbildungstätigkeit haben sich die Männer in der Gruppe zusammengetan und etwas ganz Eigenes kreiert, nur für sich. Das war eindrucksvoll und die Frauen haben gestaunt. Frauen können ja auch gnadenlos sein. Ich persönlich gehöre zum progressiv-emanzipatorischen Flügel meiner Generation – Kriegskinder. In meinem Prozess habe ich auch immer die Männer gesehen, der radikale Feminismus blieb mir fremd.

D:
In meiner Psychodramaausbildung sind mir viele tolle Frauen als Ausbilderinnen begegnet. Das war für mich wunderbar und prägend.

S:
Die ganze Gründungs- und Aufbauphase bis vor ungefähr zehn Jahren war eher ein Matriarchat. Die Frauen saßen am Hebel.

G:
Und dann haben sie den Stab vorwiegend Männern weitergegeben.

---

[1] Mit dem KKK-Frauenbild ist gemeint, dass die zentralen Aufgaben im Leben einer Frau Kinder, Küche und Kirche sind.

S:
Ja, die Leitung heute am Institut besteht aus Männern und in der Weiterbildungsleitung sind es auch mehr Männer als Frauen. Wir hatten die Institutsleitung auch Frauen angeboten, aber Männer haben es schlussendlich übernommen.

D:
Könnte man vielleicht in einer Art Schlussfolgerung als Aufgabe meiner Generation formulieren, das weibliche Erbe sichern und das Feld nicht zu räumen?

G:
Das finde ich zu wenig.

S:
Da würde ich Dir recht geben.

D:
Wie denkst Du über die Zukunft des Psychodramas, wenn Du eine Vision entwickelst? Was wünschst Du dem Psychodrama?

S:
Gestartet sind wir mit einem therapeutischen Anliegen. Das war damals im Nachkriegsdeutschland das Neue. Psychologie und Psychotherapie waren im Dritten Reich untergegangen. Danach gab es die Psychoanalyse als etablierte Methode. Durch die 68er Zeit, die anderen Erziehungsmodelle, hat sich viel Neues entwickelt. Das Interesse an Psychologie und Psychotherapie war groß, die humanistischen Methoden hatten ihre Blütezeit. Durch die gesellschaftliche Entwicklung und nicht zuletzt durch das Psychotherapiegesetz ist das therapeutische Psychodrama nicht mehr so gefragt. Das finde ich sehr schade.

Das Psychodrama hat sich viele neue Felder erobert und ein ganz wichtiges verloren. Ich wünsche mir, dass man dem therapeutischen Psychodrama wieder mehr Bedeutung geben könnte.

D:
Also klassisch im Bereich von Selbsterfahrung und Heilung?

S:
Ja – so hat Moreno das Psychodrama damals nach Deutschland gebracht.

Mich hat das Psychodrama in meinem Leben, in meinem Denken, Handeln und In-der-Welt-Sein sehr geprägt. Es ist mehr als ein Beruf. Wenn man als Lebensziel nimmt: „Werde, die Du bist" oder wenn man in seinem letzten Atemzug denkt: „Was ich bin, habe ich gelebt," dann hat ganz viel von dem, wie ich bin, mit dem Psychodrama zu tun.

D:
Das ist ein schöner Erfolg.

S:
Das nehme ich jetzt mal so an. Was ohne das Psychodrama aus mir geworden wäre? Auch etwas, etwas anderes halt, oder? Für mich war es auf jeden Fall eine große Chance, ein Geschenk des Lebens.

G und D:
Sarah, wir danken Dir für dieses spannende Gespräch.

Ildikó Mävers   Jg. 1941

Ildikó Mävers wurde in Ungarn geboren, kam 1968 in die Bundesrepublik Deutschland und studierte Diplom-Pädagogik an der Universität Hannover. Sie wurde Erwachsenenbildnerin und Arbeitswissenschaftlerin. Von 1969 bis 1974 absolvierte sie an den Moreno Instituten Überlingen und Stuttgart die Ausbildung zur Psychodramatikerin.

Ildikó Mävers gründete 1989 das Psychodrama Institut für Europa e. V., dessen langjährige Präsidentin sie war und war maßgeblich daran beteiligt, nach 1989 das Psychodrama nach Osteuropa zu bringen. Sie ist Weiterbildungsleiterin und Supervisorin (DGSv) an verschiedenen Psychodramainstituten im In- und Ausland. Außerdem arbeitet sie in freier Praxis für Supervision, Coaching, Training und Organisationsberatung in Berlin.

Wir begegnen Ildikó Mävers im August 2006 in ihrer damals neu bezogenen Wohnung in Berlin.

„Wir wollten Psychodrama machen!"

D:
Ildikó, wann kamst Du nach Deutschland?

I:
Im Februar 1968 kam ich nach Deutschland und im Dezember 1969 begegnete ich dem Psychodrama. Dadurch lernte ich Erich Franzke kennen, er reiste ständig zwischen Österreich und seiner Heimat Schweden hin und her. Eines Tages fragte ich ihn: „Wo bist Du eigentlich zu Hause?" Er antwortete: „Weißt Du, überall. Ich bin unterwegs und zu Hause bin ich höchstens in meinem Herzen." Das machte mich nachdenklich. Wenn ich in Deutschland war, sprach ich über Ungarn, meine Heimat: „Zu Hause ist es so und so." Und wenn ich in Ungarn war, sprach ich über Deutschland: „Ich fahre nach Hause." Dann dachte ich an Erich Franzke und meinte, ich müsste das mal etablieren, in mir zu Hause zu sein, unabhängig von Ortschaften. Es ist mir inzwischen tatsächlich gelungen. Aber es hat lange Zeit gedauert.

D:
Kannst Du uns die Geschichte erzählen, wie Du zum Psychodrama gekommen bist?

I:
Gerne. Das war noch in den Anfängen des Psychodramas in Deutschland. 1969 war ich jung verheiratet, gerade Mutter geworden und arbeitete an der medizinischen Hochschule Hannover in der Beschäftigungstherapie. Wir hatten damals die Möglichkeit, eine sozialpsychiatrische Zusatzausbildung zu machen. Innerhalb dieser Ausbildung lernten wir unterschiedliche Therapiemethoden kennen: Gestalttherapie, Psychoanalyse, Bioenergetik, quer Beet, unter anderem auch Psychodrama. Die Methoden wurden an Wochenende vorgestellt und wer Interesse hatte, konnte teilnehmen. Ich habe mich am ersten Wochenende für Gretel Leutz und das Psychodrama entschieden, weil mein damaliger Mann von dieser Methode geschwärmt hatte.

D:
Auch ein Psychodramatiker?

I:
Auch ein Psychodramatiker, mein geschiedener Mann. Er kam immer ganz euphorisch nach Hause und sagte: „Ich habe etwas kennengelernt, es ist etwas ganz Wunderbares." Ich sagte: „Erzähl mal. Ich möchte gerne wissen, was Du gemacht hast." Er antwortete: „Wir unterliegen der Schweigepflicht. Ich kann Dir leider nichts erzählen." Ich war so fuchsteufelswild, weil ich dachte: „Was ist denn das für eine Methode, über die ich nichts erfahren darf." Ich dachte mir: „Demnächst werde ich das auch ausprobieren." Da ich so neugierig und motiviert war, passte mein Mann an diesem Wochenende auf unsere kleine Tochter auf und ich fuhr mit drei Kollegen in einer Winternacht nach Stuttgart, wo wir in einer Privatwohnung Psychodrama machten, zwei oder zweieinhalb Tage lang. Da gab es in Deutschland noch überhaupt kein Institut oder ein etabliertes Ausbildungssystem für das Psychodrama. Gleich am ersten Wochenende spürte ich: „Das will ich lernen." Gretel Leutz sagte: „Ildikó, lass die Finger davon. Du hast doch keinen Hochschulabschluss. Du darfst das nicht machen. Das ist zu kompliziert. Du sprichst die Sprache auch noch nicht so gut." Ich habe dann alles gemacht: mein Diplom, Gott weiß wie viel gelernt, Psychodrama in allen Stufen abgeschlossen und wurde schließlich Gretels rechte Hand am Moreno Institut Überlingen.

D:
Was hat Dich so fasziniert? Was hat die Begeisterung ausgemacht?

I:
Die Begeisterung kam durch das erste Spiel. Das war gleich am ersten Tag. Ich durfte teilnehmen an einem Psychodramaspiel, in dem ein guter Kollege, ein etablierter Arzt und Vater von mehreren Kindern, die Geschichte einer Sommerliebe spielte, die in Frankreich stattfand. Es war eine von Mondschein beschienene Küstensituation und er suchte einen Mann aus, der seine Freundin spielen sollte. Dieser Mann spielte so zärtlich und feinfühlig, dass ich merkte: mein Kollege sieht den Mitspieler gar nicht mehr. Er war so durch und durch verliebt und durchgeistigt in dieser Wiederbegegnung im Psychodrama. Er weinte bittere Tränen und sein Mitspieler fing vor lauter Rührung auch an zu weinen. Ich saß da und dachte: „Was ist da los? Was passiert mit diesen beiden Menschen, dass sie so bewegt sind? Sie haben kaum miteinander gesprochen." Es war eine Abschiedssituation und die Szene ließ mich dann den ganzen Abend und die ganze Nacht

nicht mehr los. Ich dachte: „Wenn da so was passieren kann, was man von außen gar nicht sieht und die Menschen dermaßen bewegt sind, dass sie wie verändert aus dem Spiel kommen, dann möchte ich das auch ausprobieren." Am nächsten Tag ergab es sich: Ich hatte in der Nacht einen Traum und diesen Traum spielten wir. Und dann geschah das Wunder: Ich hatte ein kathartisches, schönes Spiel in Bezug auf meine Heimat.

D:
Ungarn?

I:
Ungarn, ja. Ich wusste nicht, dass das Spiel dort landen würde. Aber es bewegte mich so durch und durch, dass ich dachte: „Das ist etwas! Wenn man es lernen kann, möchte ich es lernen." Von diesem Zeitpunkt an folgte ich Gretel Leutz oder wem auch immer, dahin, wo Psychodrama stattfand, nach Amsterdam, nach Leuven oder in Deutschland hier und da hin. Wir reisten mit dem Wagen dem Psychodrama nach. Ohne Institut, ohne Ausbildungsrichtlinien, einfach nur so. Wir wollten Psychodrama machen! Wir wollten es lernen. Als dann das Überlinger Institut gegründet wurde, unmittelbar nach Morenos Tod, waren mein damaliger Partner und ich gerade in Hamburg und machten bei Helga Aschaffenburg einen so genannten ‚Paarmarathon'. Damals machte man so was noch.

G:
Heute läuft man Marathon, damals machte man Paarmarathon.

I:
Gretel Leutz war auch in Hamburg, sie bot irgendein Psychodramasonderseminar an und wir besuchten sie im Hotel. Sie weinte ein bisschen und sagte: „Jetzt ist es so weit, ich müsste ein Institut gründen. Das ist Morenos Vermächtnis." Wir sagten: „Wir sind dabei. Wir unterstützen Dich." Und wirklich, vom ersten Tag an war ich am Moreno Institut Überlingen mit dabei. Ich sehe uns noch in Gretels Garten diskutieren, ob wir drei Radiergummis oder fünf für das neu zu öffnende Büro kaufen sollten, wie viel Papier nötig wäre, wie viel Blaupausen und so weiter. Das war 1974.

D:
War Gretel ein Vorbild im Psychodrama für Dich?

I:
Ja, meine Vorbilder waren am Anfang Gretel Leutz und Heika Straub. Gre-

tel legte bei mir den psychodramatischen Grundstein. Später, während sie ihr Buch schrieb, reichte sie uns an Heika weiter, weil sie so viel zu tun hatte. So kam ich nach Stuttgart.

Aber das war ganz schwierig, weil ich sowohl mit meinen Mann als auch mit meinem zukünftigen Partner in einer Gruppe war. Es gab irrsinnige Spannungen. Aber mit Spannungen konnte Heika sehr gut umgehen. Von Gretel habe ich Empathie und gütig warme Führung gelernt. Standfestigkeit in Auseinandersetzungen und Konfrontation mit dem Gegenüber habe ich bei Heika erfahren. Diese Sicherheit konnte sie vermitteln. Ich erinnere mich, im Verlauf dieser Gruppe kamen immer wieder dieselben Protagonisten mit immer denselben Themen in unterschiedlichen Facetten dran. Das nervte mich so sehr, dass ich eines Tages sagte: „Ich werde aus der Gruppe aussteigen. Ich lerne hier nichts mehr." Mein damaliger Partner, Wolfgang Gerstenberg, sagte: „Um Gottes willen, Du bist überheblich. Das kann man doch nicht machen." Ich entgegnete: „Doch, Du kannst bleiben. Ich gehe." Ich nahm meine Kraft und meinen Mut zusammen, ging zu Heika und sagte, dass ich in dieser Gruppe nichts mehr lernen könne. Dann sagte sie: „Das glaube ich Dir. Komm mal in die Provence und mach eine Co-Leitung bei mir." Also: wie man für eigene Courage belohnt werden kann, das habe ich von ihr gelernt. Wirklich. Das hat mir natürlich sehr, sehr viel bedeutet, weil ich aus einer tief religiösen Familie komme, wo man diese Art, zu sich zu stehen, zur eigenen Stärke, überhaupt nicht kannte. Das ist etwas, was ich hier in Deutschland erworben habe. Und da bin ich froh drum.

G:
Das waren Deine ersten Vorbilder, Heika und Gretel.

I:
Die beiden, ja. Dies waren aber auch damals die einzigen Psychodramatiker in Deutschland. Zum Vorbild in Spontaneität wurde mir später Doreen Elefthery.

Dazu gibt es eine Geschichte: Wir, Reinhard Krüger, Gretel Leutz und ich, fuhren zu einem Kongress nach Leuven. Wir kamen mitten in der Nacht in irgendeinem College, in dem wir schlafen sollten an, halb zwei, zwei oder noch später. Kein Mensch wartete auf uns und niemand hatte einen Schlüssel. Keiner wusste, wo der Eingang des Gebäudes war. Gretel rief und rief und rief und eine wunderschöne Frau im Nachthemd guckte aus dem Fenster. Das war Doreen Elefthery. Sie fragte: „Wie viele seid ihr?"-„ Zwei Frauen und ein Mann", antwortete Gretel. Doreen sagte: „Der Mann geht zu meinem Mann und ihr kommt in mein Bett." Also schliefen wir drei Frauen in einem großen Doppelbett. Ich hatte die Frau noch nie in meinem Leben gesehen, nur über Gretel von ihr gehört. Das fand ich so was von großzügig und von beeindruckender Selbstverständlichkeit. Da dämmerte mir, was „psychodramatische Familie" bedeutet. Wenn ich mit Gretel komme, kriege ich einen Platz in ihrem Bett. Also wer sollte ihr das nachmachen? Das fand ich sehr schön.

D:
Wann hast Du selber angefangen, mit dem Psychodrama zu arbeiten?

I:
Mit der Gründung des Moreno Instituts Überlingen. Wir bekamen neben Uwe Seeger die erste Ausbildungsgruppe, Wolfgang Gerstenberg und ich. Eine Gruppe von Gretel lief im Süden, von Uwe Seeger eine im Norden und Wolfgang Gerstenberg und ich fingen in Hamburg an. Das war unsere allererste Ausbildungsgruppe, natürlich unter Supervision von Gretel. Das war total schwierig, als Paar, als frisch zusammengefundenes Paar, eine Psychodrama-Ausbildungsgruppe zu bewältigen. Eine Gruppe hat ja immer eine Spaltungstendenz, zwischen Vater und Mutter oder Gut und Böse und das spürten wir. Oh, das hat uns manchmal in richtige Krisen gestürzt. Das war nicht einfach. Aber wir haben sehr viel gelernt.

D:
In welchem Jahr war das?

I:
Oh Gott, ich glaube, das war 1976/77. Seit 1969 war ich kontinuierlich für das Psychodrama unterwegs, wohin auch immer, nach Stuttgart, Überlingen, Belgien, Holland ... Wir haben total viel gelernt und waren sehr motiviert. Die langen Anfahrtszeiten dienten immer der eigenen Anwärmung, die Rückreisen der Analyse des Erlebten: Was haben wir gesehen? Was hat wie gewirkt? Was haben wir gelernt? Wir mussten es selbst herausfinden. Warum hat sie wohl das und das gemacht? Damals wurde Psychodrama nicht gelehrt. Es gab keine Bücher darüber. Natürlich hatte ich Morenos Bücher auch noch nicht. Wolfgang kam mit seinen analytischen Erfahrungen, damals war er noch in der Ausbildung; ich mit meinen sozialpsychiatrischen Erfahrungen, denn bis 1975 arbeitete ich in der medizinischen Hochschule Hannover in der Psychiatrie. Natürlich hatten wir Kenntnisse in Psychopathologie. Aber das Zusammenwirken der psychodramatischen Techniken und Interventionen mussten wir uns selbst aneignen. Wir stellten unsere Hypothesen auf. Das war ganz anders als das angeleitete Ler-

nen heute, wo alles im Lehrbuch steht oder in Theorieseminaren erklärt wird. Es ist heute leichter zu lernen, aber ich glaube, wir lernten durch enorme eigene Motivation.

D:
Gab es in Deiner psychodramatischen Karriere einen Schwerpunkt?

I:
Meine Schwerpunkte entwickelten sich so, wie ich mich entwickelte. Was mich gerade interessierte, das habe ich zum Thema gemacht. Dann kniete ich mich in ein Thema hinein, las und sammelte Material. Es gab natürlich eine Frauenphase. Da machte ich ganz viele Frauenseminare, gab Supervision in Frauenhäusern usw. Frauen, Frauen, Frauen. Dann gab es eine Soziometriephase, unglaublich früh fing ich damit an. Ich hatte damals den Eindruck, dass mehr Mediziner zu Gange waren als Nichtmediziner. Sie wurden vom Institut mehr gefördert und ich hatte den Eindruck, dass das therapeutische Psychodrama hoch im Kurs stand. Aber ich fand Soziometrie spannend, aufregend und auch sehr gerecht bzw. sehr klar, ein bisschen nüchtern, aber wahrhaftig, so dass ich sehr viel Soziometrie durchführte, auch in allen meinen Ausbildungsgruppen. Ich glaube, dass Männer Soziometrie schneller begreifen als Frauen, weil das mit ihrer linken Gehirnhälfte mehr zu tun hat als Empathie, Wärme und sich einfühlen. Ich habe den Eindruck, sie sind wachsamer für die Soziometrie. Vielleicht bin ich ungerecht, aber ich machte die Erfahrung, dass Frauen sich oft verletzt fühlten, traurig waren oder beleidigt. Ablehnung wurde von ihnen nicht angenommen und sie zogen sich dann mehr zurück. Die Männer wollten wissen, wissen, wissen ... Wie macht man das? Wie rechnet man das aus? Warum ist das gut? Wo kann man das noch anwenden? Es ist kein Zufall, dass Soziometrie in Deutschland wesentlich mehr von Männern weiter betrieben und entwickelt worden ist, als von Frauen.

Ja, und als ich anfing, in unterschiedlichen psychiatrischen und psychosomatischen Kliniken Supervision zu machen, kam die psychosomatische Phase. Ich habe auch Vorlesungen gehalten, serienweise. Das mache ich heute noch, z. B. in Kiew oder wenn spezielle Themen gefragt sind.

D:
Du hältst dann einen Vortrag über Psychosomatik und Psychodrama?

I:
Ja, den verbinde ich dann mit psychodramatischen Demonstrationen. Üb-

rigens, wir werden jetzt in Ungarn ein Buch darüber schreiben zusammen mit einer ungarischen Kollegin: Éva Rapcsányi. Es wird in Ungarn verlegt.

Das darauf folgende Thema war „Geld". Ich habe damit angefangen im Psychodrama. „Über Geld spricht man nicht", das war Anfang der 80er Jahre. Ich erinnere mich noch, dass Gretel sagte: „Ildikó, das geht mir zu weit. Das ist so weit weg von dem morenoschen Psychodrama. Das können wir nicht drucken." Ich bestand darauf. Ich sagte: „Probieren wir es einmal aus. Wenn es nicht stattfindet, in Ordnung." Schließlich hatten wir eine Warteliste mit 28 Leuten.

G:
Psychodrama und Geld?

I:
Ja. Sie wollten alle wissen, was es mit dem Geld auf sich hat. Wir machten zwei Seminare daraus. Das eine: „Über Geld spricht man nicht" und das zweite zum Thema: „Triebstrukturen des Geldes". Dann war Manfred Gellert mit seiner Ausbildung fertig und sagte: „Ich mache mit. Machen wir das zusammen." Er macht dieses Thema noch heute sehr gerne. Es waren patente und sehr aufregende Seminare über Geld. Z. B. wie Menschen durch ihre Biographie den Umgang mit Geld in der Primärfamilie gelernt haben und wie schwierig das zu verändern ist.

Seit der Gründung des Psychodrama Instituts für Europa steht das interkulturelle Thema bei mir ganz oben. Für mich, als in Deutschland lebende Ungarin liegt das nahe. Wir haben das Institut damals mit Kollegen und Kolleginnen gegründet, die z. B. polnischer oder rumänischer Abstammung waren, in Deutschland lebten und hier Psychodramatiker geworden waren. Es war so nahe liegend, dass wir auch thematisieren wollten, wie schwierig dieser Kulturwechsel ist und wie man ihn bewältigen kann. Der Wunsch nach Rückkehr in das Ursprungsland, um dort in der Muttersprache Psychodrama zu lehren, bewegte uns alle. Und wie schwierig das ist, vor dem Hintergrund der Gediegenheit der deutschen Lern- und Wirtschaftssysteme, dem juristischen und politischen System und dann zurückzugehen in das Ursprungsland, wo alles noch ziemlich dünn gesät war, diesbezüglich. Diesen Kampf zu bestehen, die anderen in der Motivation zu unterstützen, dass es sich lohnt, sich einzusetzen oder etwas in die Hand zu nehmen. Ich glaube, das ist uns an dem neuen Institut gelungen. Wir sind inzwischen schon in Polen, Ungarn, Rumänien, Bulgarien, Moldawien, Litauen und Weißrussland gewesen. Wir führen das Psychodrama in einem Land ein durch Sonderseminare zum Kennenlernen. Es folgen Einführungskurse, das Zulassungsseminar, Unterstufen-

und Oberstufengruppe bis hin zur Gewährleistung von Co-Leitungen und Supervision für die fertigen jungen Leiter. Wenn das Land dadurch seine eigenen Psychodramaausbilder bekommen hat, verlassen wir es in der Regel wieder und bleiben Kooperationspartner. Wir halten es nicht besetzt. Wir verlassen es, um die dortigen Kollegen zu ermutigen, sich auch im Ausland zu engagieren. So kommt es z. B., dass meine ungarischen Kollegen, die russisch sprechen, weil sie während der russischen Besatzung russisch gelernt haben, jetzt in Kiew oder in den baltischen Ländern ausbilden. Das ist spannend.

G:
Du bist die Gründerin oder Mitbegründerin des Psychodrama Instituts für Europa e. V.

I:
Es hat sich um meinen Namen gegründet. Ja. Bei der Gründung war ich wohl die bekannteste der beteiligten Psychodramatiker. Sehr, sehr viele zogen mit. Natürlich habe ich sehr viel ehrenamtlich gearbeitet dafür, um es auf die Beine zu stellen. Ich glaube schon, dass es dadurch mit meinem Namen verbunden ist.

G:
In welchem Jahr war das?

I:
Das war 1989.

G:
Was war die Triebfeder, die Idee? Das ist ja noch mal ein neuer Schritt im Leben.

I:
Ich wollte Psychodrama in Osteuropa machen. In Ungarn, in meiner Heimat, hatte ich schon vor dem Mauerfall damit begonnen. Ich konnte dort Psychodrama in meiner Muttersprache machen und diese Arbeit wollte ich weiter vorantreiben. So habe ich beschlossen, ein Institut zu gründen. Ich wollte kein Konkurrenzunternehmen machen, sondern ich wollte, dass ein Moreno Institut in Osteuropa tätig ist. Wir haben dann das Institut gegründet, hatten bereits eine Ausbildungsgruppe im Ausland, in der DDR damals, da fiel die Mauer, im selben Jahr.

G:
Ihr habt vor dem Mauerfall schon eine Ausbildungsgruppe in der DDR gehabt?

I:
Ja, in Ost-Berlin.

G:
Ja, wie ging das denn? Das ist unglaublich!

I:
Ein Kollege hatte Kontakte ...

G:
Wurde von der Stasi alles abgehört?

I:
Das weiß ich nicht. Ich kann mich nicht mehr so richtig erinnern, aber für uns war DDR damals Ausland.

D:
Ja klar.

I:
Ich habe bereits gesagt, ich wollte kein Konkurrenzunternehmen zu den deutschen Ausbildungsinstituten machen, sondern ich wollte in Osteuropa etwas auf die Beine stellen. Als dann aber die Mauer fiel, wurden wir noch im Gründungsjahr doch Konkurrenten – durch unsere Ausbildung in Ost-Berlin. Da ich aber gleichzeitig auch mit dem Westen kooperieren wollte, kamen wir auf den Namen: „Psychodrama Institut für Europa."

G:
Da kam viel zusammen. Die Ideen waren schon vorher da.

I:
Ja.

G:
Deine Heimat, Ungarn...und dann der Fall der Mauer. Das war natürlich der Türöffner überhaupt.

I:
Moreno hatte so sonderbare Neologismen. Ich glaube, dafür hätte er „time tele" gesagt, weil wir das Institut im August gründeten und im November fiel die Mauer.

G:
Nicht zu glauben.

I:
Das war so reif wie ein Apfel. Wirklich, man brauchte nur die Hand drunter zu halten und er fiel einfach hinein.

G:
Es wurde natürlich leichter, als es keine Mauer und keine Stasi mehr gab.

I:
Ja, und plötzlich saßen wir mitten in Deutschland in einem europäischen Institut, das sich genau das zur Aufgabe gemacht hatte. Wir wussten gar nicht, wie uns geschah. Wie macht man das? Wie kriegen wir das hin? Dürfen wir rüber fahren? Am Anfang, als ich in Ungarn arbeitete, noch vor dem Mauerfall, hatten wir schon sehr viele Schwierigkeiten. Wir mussten ein Versammlungsrecht einholen und polizeiliche Sitzungsstunden beantragen. Sonst durfte man sich nicht versammeln.

D:
In diesem Moment wurde Dein Thema, das Interkulturelle, ganz praktisch.

I:
Ja, mein Lebensthema wurde ein Praxisthema. Und nicht nur meines, sondern auch das vieler anderer Kolleginnen und Kollegen, die aus anderen Ländern kamen und an diesem Institut versammelt waren, viele in Deutschland lebende Ausländer, mit deutschem Pass inzwischen. Uns verband das Thema, hier in Deutschland Fuß gefasst zu haben und gleichzeitig Kontakt halten zu wollen zum alten Herkunftsland. Das ist eine Erfahrung für sich.

Unsere Institutsstruktur und Ausbildung gliederten wir anders, als es bei den damals bestehenden Instituten üblich war. Das Institut für Europa ist ein gemeinnütziger Verein und wir haben bestimmte gesellschaftspolitische Zielsetzungen, z. B. die Verbreitung des Psychodramas in Osteuropa und die Durchführung internationaler Konferenzen. In jedem zweiten Jahr findet eine Konferenz in einem der Ländern statt, in denen wir Psychodrama lehren. Dazwischen sind die so genannten Sommerakademien. Wir lehren und tagen sehr oft in unterschiedlichen Sprachen. Das ist sehr anstrengend, weil z. B. auch der Vorstand international ist. Das ist zäher, schwieriger, die Beschlussfassung geht langsamer, aber alle fühlen sich gefragt.

Inzwischen haben wir in den osteuropäischen Ländern schon hervorragende Psychodramatiker ausgebildet. In Ungarn und Rumänien sind die Psychodramabewegungen mittlerweile wesentlich größer als in Deutschland. Es gibt aberhunderte von Psychodramatikern. Sie haben das Psychodrama nach der Wende dort institutionalisiert, denn die Psychotherapie war bis dahin offiziell nicht vorhanden. Die Psychoanalyse war eine Untergrundbewegung in der Therapie. Das durfte nun öffentlich werden.

D:
Das fasziniert mich.

I:
Ja. Ich merke heute noch, dass ich ganz begeistert bin, wenn ich über die Gründungszeit erzähle, weil das historisch sehr bedeutsam war. Wir wussten es nicht vorher, aber wir fühlten uns durch den Mauerfall in unserem Handeln bestätigt. Wir waren einfach zeitgemäß.

G:
Ein Teleprozess.

I:
Deswegen denke ich, dass das „time tele" sein muss, denn ich kenne den morenoschen Begriff „objekt tele". Warum sollte es dann nicht „time tele" geben – „Zeit-Tele" könnte man im Deutschen sagen.

D:
Jetzt konnten wir Deine verschiedenen psychodramatischen Schwerpunkte mit verfolgen.

I:
Ja, es ist wirklich so, das, was bei mir gerade dran ist, thematisiere ich. Es ist nicht so, dass ich das andere vergessen würde. Das bleibt in meinem Repertoire, aber es gibt immer etwas Aktuelles, in das ich mich so richtig reinknie und wofür ich allerlei recherchiere.

G:
Was hast Du aktuell für ein Thema?

I:
Jetzt im Augenblick? Ich bin in die Wirtschaft gegangen. Dort mache ich viele Trainings mit dem Psychodrama und auch interkulturelle Trainings für große Firmen. Wo ich auch bin, ich arbeite psychodramatisch. Unter anderem arbeite ich für ein Mentorenprogramm in Brüssel und mache interkulturelle Trainings in Afrika und in der Ukraine.

Das ist spannend, denn Manager, die etwas über den Umgang mit anderen Kulturen lernen wollen, lernen dies in der Regel in Vier-Sterne-Hotels. Aber zu tun haben sie es mit unterentwickelten Ländern. So versuchen wir beispielsweise, diese Trainings in Afrika zu etablieren, kein leichtes Brot. Aber so kommen die Manager nach Afrika und lernen Kargheit kennen. Sie lernen die Eingeschränktheit von Ressourcen kennen: Wie man jeden Tag dafür kämpft, dass das Wasser kommt, dass man duschen kann oder dass Trinkwasser vorhanden ist. Das wird handfest erfahren. Dieses Training findet in Namibia statt. Das ist schon sehr weit weg. Und das Psychodrama ist immer dabei.

Daneben arbeite ich jährlich mindestens drei bis vier Mal in Kiew. Dort wurden die Kiewer und die ukrainische Psychodrama-Gesellschaft aufgebaut. Ich gebe dort Sonderseminare und unterstütze die Strukturbildung der Kiewer Psychodrama-Gesellschaft.

D:
Ildikó, würdest Du sagen, dass Du als Psychodramatikerin einen besonderen Stil hast? Wenn ja, wie würdest Du diesen Stil beschreiben?

I:
Meine Ausbildungskandidaten sagen, ich habe Transparenz. Alles soll Gruppenthema werden. Wenn ich die Gruppe leite, gibt es daneben keine Einzelgespräche bei mir, sondern, wenn jemand Gruppenpsychotherapie lernen will, muss er wissen, dass die Gruppe in der Lage ist, mit Geheimnissen, Unwägbarkeiten oder irgendwelchen schwierigen Themen umzugehen. Jeder soll erfahren, dass man sich auf die Gruppe verlassen kann. Ich lasse mich bei der Arbeit nicht vereinnahmen, nicht mal durch Freunde oder Menschen, zu denen ich ein freundschaftliches Verhältnis habe. Ich finde Transparenz in der Gruppe ist, neben Verlässlichkeit und füreinander da sein, die Grundlage unserer Arbeit. Ich habe ein ganz witziges Beispiel: Ich hatte einmal eine Ausbildungsgruppe, in der war ein sehr, sehr guter Mann. Seine Frau war eine bekannte angehende Psychoanalytikerin. Sie war so eifersüchtig auf die Gruppe, weil ihr Mann wie high, bewegt, einfallsreich, strahlend oder auch kaputt nach Hause kam. Sie vertrug das überhaupt nicht. Dieser Mann suchte mich eines Tages

auf und sagte: „Ildikó, meine Ehe geht drauf. Ich möchte nicht, dass es die Gruppe erfährt, ich möchte die Würde meiner Frau schützen, aber sie sagt, sie bleibt nur bei mir, wenn ich die Gruppe verlasse." Ich konfrontierte ihn mit der Gruppenvereinbarung, dass beim Aussteigen ein Abschied stattfindet und die Gründe des Ausstiegs benannt werden. Er antwortete: „Nein, ich möchte nicht kommen. Ich habe ihr versprochen, ich komme nicht." Ich sagte: „Gut, Du kommst nicht, dann erzähle ich das. Ist das in Ordnung?" Da sagte er: „Das muss ich vorher mit ihr besprechen." Dafür war aber vor dem Gruppenbeginn keine Zeit mehr. Ich sagte ihm nur: „Ich kann in der Gruppe nicht nur sagen, dass Du – er war bis zu diesem Zeitpunkt mit Haut und Haaren in der Gruppe – einfach nicht mehr kommst, ohne Begründung. Das versteht doch kein Mensch! Entweder lege ich die Tatsachen auf den Tisch oder Du." Daraufhin kam er in die Gruppe und blieb.

Transparenz ist ein Wert, den ich vertrete und den nur wenige fordern. Manchmal gibt es Geheimnisse und Teilnehmer kommen zu mir und flüstern: „Hast Du mitbekommen, die schliefen gestern Nacht miteinander. Ja, das geht doch nicht, sie ist verheiratet. Das ist schwiwig. Was machen wir da?" Es brachte Unruhe in die Gruppe, weil die beiden offenbar füreinander brannten. Es trieb mich um und ich fragte mich: „Was kann ich machen? Ich kann denen das doch nicht verbieten. Wer bin ich?" Dann sagte ich: „Wisst ihr was? Jetzt machen wir eine soziometrische Untersuchung. Wir machen das Soziogramm zum Sexogramm, zum Gruppensexogramm." Wir machten drei Linien im Raum: 1. Linie: „Kommt überhaupt nicht in Frage." 2. Linie: „Anziehung ist vorhanden." und 3. Linie: „Diese Anziehung wird gelebt." Da konnte man plötzlich sehen, wie viel Zuneigung in der Gruppe war, auch gleichgeschlechtlich. Es entstand eine vibrierende und engagierte Atmosphäre. Auch Zuneigungen, von denen wir überhaupt keine Ahnung hatten, wurden aufgedeckt. Wir belegten mit Beispielen das „Warum?" und „Wieso?" Die beiden Geliebten wurden wunderbar miteinbezogen. Sie erzählten, dass sie zusammen sind und große erotische Anziehung füreinander empfinden. Das geschah alles in der Gruppe. Kein Tratsch mehr. Es wurde zum Gruppenthema und auch die kleineren und größeren Zuneigungen konnten benannt werden.

G:
Das hast Du elegant gelöst.

I:
Fand ich auch.

D:
Ohne dass die beiden sich entblößen mussten.

I:
Unsere Zuneigungen sind überhaupt nicht vom Geschlecht abhängig und immer vorhanden. „Sex takes no holiday", das habe ich damals bei Helga Aschaffenburg beim Paarmarathon in Hamburg gelernt.

D:
Hast Du eine Zukunftsvision für das Psychodrama? Wenn Du an die nächsten zehn, zwanzig Jahre denkst, was wäre Dein Wunsch für das Psychodrama?

I:
Das ist schwer. Viele meiner Wünsche haben sich erfüllt. Ich wünschte mir europäisches Psychodrama in Osteuropa und Psychodrama im Justizwesen. In Ungarn haben wir eine Psychodramatikerin, sie ist Kriminologin. Sie macht Tatortbesuche oder Rekonstruktion von Situationen mit Psychodrama. Viele meiner Wünsche sind in Erfüllung gegangen. Was ich mir wünschen würde ist, dass mehr Männer Psychodrama machen.

D:
Das wünschen wir uns auch.

I:
Dass sie einfühlsamer, wirklich sozial kompetenter werden. Das wünschte ich mir. Sie können das nur werden, wenn sie mit Einsicht lernen und an sich lernen, ein reflexives Lernen. Dass sie z. B. Fernstudien und so was glänzend bewältigen, das wissen wir, aber an sich selbst zu lernen …
 Es wäre außerdem schön, wenn meine großartige amerikanische Kollegin Fuß in der amerikanischen Regierung fassen und dort im morenoschen Sinne aufräumen würde, das wünsche ich mir, wirklich. Das sind natürlich hochtrabende Wünsche. Aber die kleineren – damals waren sie auch hochtrabend – sind schon in Erfüllung gegangen.

D:
Deshalb ist es gut, nach Wünschen oder Visionen zu fragen.

G:
Dass das gute amerikanische Psychodrama …

I:
… sich nicht in Selbsterfahrung und Therapie erschöpft, …

G:
… sondern den Sprung in die Politik schafft.

I:
… sondern sich wesentlich breitere Anwendungsfelder entwickeln. Das wünsche ich mir.

Den erfahrenen Psychodramatikern wünsche ich viele *szenische* Inszenierungen und nicht immer diese analytischen Ich-Anteile-Aufstellungen. Diese Ich-Anteile, die miteinander reden, die inneren Teams, damit könnte es mal gut sein. Ich habe den Eindruck, das entwickelt sich wie eine Seuche. Es wird so viel analytisch gearbeitet, statt szenisch. Aber Geschichten bzw. Ereignisse darzustellen, darum geht es doch. Das wirkliche Spiel. Ich bin für das echte Spiel in echten Szenen. Da geht nichts drüber.

D:
Dass das Psychodrama methodisch wieder zurückfindet ins wirkliche Spiel, in die Aktion.

I:
In die Aktion, genau. Ja, das wünsche ich mir. Ich bin manchmal sehr erschrocken, wie überakribisch Psychodramatiker geworden sind. Dass man das so und so macht und Rollentausch und Rollenwechsel und und und … Dass zeitaufwändige Administration im Psychodrama weniger wird, nicht alles nach Regeln geht, sondern ein unmittelbares, die Aktion beschleunigendes Spiel, das wünsche ich mir.

G:
Da sind wir ganz Deiner Meinung. Was wünschst Du Dir noch?

I:
Obwohl die Psychodramatiker Beziehungsspezialisten sind, ist es trotzdem so, dass alte, berufliche Querelen sehr oft nicht aufgeklärt sind, weil die menschliche Eitelkeit im Wege steht. Wenn jemand dafür eine Technik entwickeln könnte – ich meine nicht Mediation, da wir diese offenbar nicht dafür nutzen – wäre ich sehr dankbar. Ich arbeite selbst mediatorisch, aber Mediation ist nicht die Lösung. Wenn jemand eine Brückenaktion oder -intervention als psychodramatische Interventionstechnik etablieren könnte, wäre dies ein großer Gewinn. Durch die Institutsgründung sind einige

gute Beziehungen von mir in die Brüche gegangen, weil sehr viel Arbeit war, weil ich überlastet war, weil ich nicht unmittelbar die Anerkennung gegeben habe, die ich hätte geben sollen oder weil ich einige enttäuscht habe, indem ich das Institutsinteresse vor das private Interesse des Kollegen, aber auch oft vor mein eigenes, gestellt habe. Ich bedaure dies sehr, weil es auch gute Freundschaften waren. Es entstand eine Wand oder unüberwindbare Schwelle. Ich würde viel dafür tun, wenn es möglich wäre, diese zu überbrücken.

D:
Vielleicht kann unser Buch ein kleiner Beitrag dazu sein.

G:
Ich verstehe mich ein bisschen als Brückenglied.

D:
Glaubst Du, dass das Psychodrama Frauen etwas Besonderes zu bieten hat?

I:
Ich bin überzeugt, ja. Ich spreche über meine Gruppen. Da gibt es bestimmte Werte in den Gruppen, die Wachstum ermöglichen. Selbstbehauptung ist notwendig, eigene Interessen müssen vertreten und Absprachen eingehalten werden. Meine Hoffnung ist, dass Frauen sich trauen, ihr Leben so zu leben, wie sie es in der Gruppe gelernt haben. Wenn sie dann nicht mehr so duldsam oder fügsam sind wie in ihren herkömmlichen Rollen, erweist sich das Psychodrama als eine sehr frauenfreundliche Methode. Möglicherweise ist es den männlichen Teilnehmern manchmal zu viel, wie die Frauen wachsen, was sie lernen und deswegen machen sie sich rar im Psychodrama, möglicherweise. Mir ist es aber wichtig, dass ich gemischte Gruppen leite, weil die Gruppen ein Abbild des Lebens sind. Ich lege großen Wert darauf, dass das weibliche und das männliche Prinzip gleich stark zum Tragen kommen. Ich erinnere mich an eine Ausbildungsgruppe, in der wir drei Männer hatten. Drei Männer und – ich weiß nicht – zehn oder elf Frauen. Wenn die Frauen mal giftig waren, dann, das wird mir heute noch nachgesagt, sagte ich: „Diese Männer stehen unter meinem persönlichen Schutz."

D:
Hast Du das gesagt?

I:
Ja, habe ich gesagt.

D:
Entzückend.

I:
Seitdem wird mir manchmal nachgesagt, dass ich Männer bevorzugt behandele. Diese Männer waren aber in ihrer Entwicklung genauso schutzbedürftig, wie es Frauen sein können, insbesondere weil sie viele schwierige Rollen spielen mussten.

D:
Ildikó, zum Schluss, Du hast das Psychodrama Institut für Europa vierzehn Jahre lang geleitet …

I:
Ja, vierzehn Jahre. Und irgendwann hatte ich den Eindruck, dass ich sehr, sehr viel administriere. Ich hatte einen riesigen Apparat von Büro, Karteien, Adressen, Datenbank und so. Aber ich hatte den Eindruck, mir fiel nichts mehr Neues ein. Dann dachte ich, es ist Zeit, dass das jemand anders macht. Ich hatte nicht mehr den Schwung wie am Anfang. Ich habe meinen Rücktritt frühzeitig angekündet. Ich habe eine Person ausgesucht, die ich sehr schätze. Sie hat auch eine Doppelnationalität und steht für das europäische Prinzip. Ich halte sie für eine gute Psychodramatikerin. Sie wurde auf meinen Vorschlag hin gewählt.

D:
In welchem Jahr hast Du die Leitung abgegeben?

I:
Das war 2003. Ich dachte, es ist einfach reif. Wozu sollte ich noch länger warten?

D:
Ist es Dir schwer gefallen?

I:
Danach fiel es mir schwer, weil sie vieles anders gestaltete als ich, sehr anders. Und es ist schwer, nicht mehr reinzureden, meine Meinung oder meine Kontakte geltend zu machen. Da sind Kontakte eingeschlafen, was ich bedauere, aber neue Kontakte sind durch sie entstanden, was ich anerkenne.

G:
Und Du bist eine Art Seniorberaterin?

I:
Ich bin Ehrenmitglied des Instituts und ich bin die Vorsitzende des europäischen Supervisionskomitees des Psychodrama Instituts für Europa. Um die Qualität kümmere ich mich also noch immer.

G und **D:**
Ildikó, wir bedanken uns für dieses interessante und reiche Gespräch.

Agnes Dudler Jg. 1946

Agnes Dudler wurde im Ruhrgebiet geboren und machte dort 1966 Abitur. Mit einer Ausbildung zur Systemanalytikerin bei IBM in Düsseldorf startete sie in ihr Berufsleben. Von 1973 bis 1980 studierte sie an den Universitäten Bonn und Köln Diplom-Pädagogik mit Schwerpunkt Erwachsenenbildung und von 1984 bis 1990 Diplom-Psychologie.

Ab 1975 besuchte sie verschiedene Fortbildungen im psychotherapeutischen Kontext und machte von 1975–1982 eine Psychodramaausbildung bei Dr. Ella Mae Shearon, Köln und am Moreno Institut Stuttgart, wo sie von 1981–1990 auch als Weiterbildungsleiterin tätig war. Seit 1990 ist Agnes Dudler in eigener psychotherapeutischer Praxis in Bonn tätig. 1991 gründete sie dort das Psychodrama Institut SZENEN.

Wir begegnen Agnes Dudler im Januar 2006 im Psychodrama Institut SZENEN in Bonn.

„Aus dem Vollen schöpfen"

G:
Agnes, wann bist Du das erste Mal mit dem Psychodrama in Kontakt gekommen und was hat Dich daran angerührt?

A:
Das war 1975 im Herbst unter recht abenteuerlichen Umständen im Vergleich zu heute. Ich war liiert mit einem Psychotherapeuten, der 1974 die erste psychotherapeutische Praxisgemeinschaft in Köln mitgegründet hatte. Dieses Therapeutenkollektiv[1] von überwiegend Gesprächspsychotherapeuten, organisierte für seinen KollegInnenkreis, lauter sozial und politisch engagierte Leute, interessante Fortbildungen, z. B. in Gestalttherapie, Bioenergetik und allem, was damals so *in* war. Und einer aus diesem Team war mit einer Amerikanerin befreundet, die in Florida an der Universität mit Ella Mae Shearon zusammengearbeitet hatte, die gerne nach Deutschland kommen wollte. So begannen in Göttingen und Köln die ersten Gruppen mit ihr. Ella Mae bot in Köln zwei wöchentliche Psychodramagruppen an, darauf war ich neugierig.

Ich war damals 29 mit strenger politischer Orientierung, ganz kurzen Haaren, zehn Kilos weniger als heute. Es war die Zeit der knallengen, kurzen Pullis und der Stiefel zu hochgekrempelten Hosen. Ich dachte: „Das ist was für Dich. Du bist ein bisschen rigide und kannst etwas Verrücktes vertragen." So bin ich hingegangen und war sofort begeistert.

In der Gruppenzusammensetzung war es, im Vergleich zu heute, ein ziemliches Durcheinander. Ein Redakteur vom WDR, ein Journalist, eine Schauspielerin (eine relativ bekannte sogar) waren dabei, ein Architekt und natürlich die üblichen Berufe, aber auch Studenten, interessierte Hausfrauen, eine Künstlerin, gelegentlich sogar Behandlungsfälle; das ging alles kunterbunt durcheinander. Aber es hat mich total angesprochen. Ich war rundum begeistert. Vor skeptischen Kollegen war es schwer, Seriosität zu behaupten, aber ich dachte:

„Das tut Dir gut und Punkt." Ich habe es erstmal ganz für mich gemacht und nicht geglaubt, ich würde jemals damit arbeiten können oder wollen.

---

1 Der korrekte Name ist KTK, Kölner Therapeuten Kollektiv.

D:
Worin bestand Deine Begeisterung?

A:
Ich fand es faszinierend lebendig, immer wieder verblüffend und schnell sehr dicht, ganz anders als in der Gesprächstherapie. Da fühlte ich mich meist unwohl und eingeengt. Dass im Psychodrama mit Händen, Füßen und viel Phantasie gearbeitet wurde, hat unheimlich viel Spaß gemacht. Ich war mit Leib und Seele dabei. Es ging tief und war im Gegensatz zu meinen Vorerfahrungen unglaublich intensiv. Ich habe Einblick bekommen in das, was seelisch los sein kann. Das habe ich in der Gesprächstherapieausbildung so nicht erlebt. Da war es oft relativ dröge und technokratisch, und in Gestalt war es intensiv, aber auch verquält. Man saß als ganze Gruppe lange herum und der Leiter arbeitete mit jemandem von der Gruppe einzeln. Im Psychodrama dagegen war die ganze Gruppe gefragt und meist aktiv beteiligt. Das fand ich einfach toll und auch ein bisschen verrückt. Es passte aber zu mir und hat mich ganz erfasst und einbezogen. Was ich da über mich und andere erfahren habe, das hat mich in jeder Hinsicht bereichert, mir Türen geöffnet und zu Einsichten verholfen. Das war ganz einfach toll!

G:
Die Lebendigkeit.

A:
Ja, die Lebendigkeit, die Intensität und die Ernsthaftigkeit, die, bei aller Schrillheit und Kritik, die es auch gab, Ella Mae hatte. Sie hatte eine intensive Art an die Themen heranzugehen. Später, als mir andere Psychodramatikerinnen begegneten, war ich eher enttäuscht über das ‚dröge, holzgeschnitzte deutsche Psychodrama' und erst viel später habe ich verstanden, was deren Arbeit an Tiefe und persönlicher Bezogenheit hatte. Ich war von der exotischen Intensität begeistert, von der Vielfalt der Leute und der amerikanischen Unkompliziertheit, die Menschen doch schnell zusammenbringt.

Es war von Anfang an eine Ausbildungsgruppe. Jedes Quartal bekamen wir unsere Ausbildungspunkte zertifiziert und so habe ich gut ein Jahr mitgemacht, obwohl ich öfter dachte: „Ich lerne das nie." Aber es tat mir gut, und ich machte weiter. Ella Mae hat uns sehr früh leiten lassen. Ich dachte: „Das kann ich doch gar nicht." Ich weiß noch, beim ersten Mal habe ich Blut und Wasser geschwitzt.

Normalerweise trafen wir uns wöchentlich abends für 3–5 Stunden. Dann habe ich ein erstes Wochenende mitgemacht, das Ella Mae für beide Gruppen gemeinsam anbot. Zu dieser Zeit ging es für mich langsam über den bloßen Spaß und das rein Persönliche hinaus, weil ich merkte, ich konnte viel lernen. Dieses Wochenende spielte dabei eine wichtige Rolle. Ein Psychotherapeut aus der Parallelgruppe brachte eine schwierige Patientin mit. Das fand ich nicht bloß irritierend, sondern ein starkes Stück; das wurde mir aber erst hinterher so richtig klar. Es erschien mir zunächst nur ein bisschen komisch, weil es ja eine Ausbildungsgruppe sein sollte. Ella Mae arbeitete dann mit der Patientin und das hat mir richtig Respekt eingeflößt. Das war besonders, obwohl ich und einige andere auch zwischendurch Angst bekamen und meinten, gleich müsse der Notarzt kommen. Aber Ella blieb ganz ruhig. Diese Erfahrung hat mich sehr beschäftigt und motiviert, weiter zu machen, trotz Bedenken.

Im Sommer 1976 habe ich dann in Südfrankreich Heika Straub zum ersten Mal erlebt. Ich habe nur gestaunt, wie sie psychodramatisch arbeitete. Es kam mir vergleichsweise nüchtern und nachvollziehbar vor. Heika hielt z. B. mitten in einer Protagonistenarbeit, wo ich immer dachte: „Die sind unter einer Glasglocke, da darf man nicht mit Ratio kommen", inne und fragte den Protagonisten: „Moment mal, gucken wir uns an, wo wir gerade sind. Jetzt könnten wir so oder so weitermachen. Was meinst Du? Ich sehe das und das." Ich hatte Sorge, dass jetzt das ganze Psychodrama hin ist, aber es ging weiter und zwar sehr klar. Dass dies möglich war, hat mich sehr angesprochen. Und gleich fünf Minuten später lag Heika neben dem Protagonisten, der ein ziemlich verrückter Typ war, auf dem Boden und hat ihn gedoppelt, wie er mit seinem Irresein kokettiert und sich etwas vormacht und ihn dann damit konfrontiert, wohin ihn das führen könne.

Diese Erfahrung hat noch einmal neben der Begeisterung meinen Respekt vor dem Psychodrama vertieft. Es war ein Moment nüchterner Offenbarung. Damit war klar: Das will ich lernen.

So führte mich mein Weg ans Moreno Institut Stuttgart und bei der nächsten Kölner Gruppe wurde ich die Co-LeiterIn bei Rainer Bosselmann und das war der Beginn einer langjährigen kollegialen Zusammenarbeit.

Ich sollte gleich die Aufnahmeinterviews für die Gruppe machen. Die Stuttgarter waren damals unbekümmert darin, so habe ich es erlebt, einen durchaus zu überfordern. Positiv kann man natürlich sagen, sie haben mir viel zugetraut. Ich hatte bis dahin noch keine Weiterbildungsgruppe geleitet und habe erstmal etwas bange herumgefragt: „Wie macht man denn Aufnahmeinterviews?"

G:
Keine Unterstützung?

A:
Nein, keine Unterstützung. Ich dachte: „Ach du jemine! Da sitzen mir Leute gegenüber, die haben mehr Ahnung und sind länger im Geschäft als ich."

Ich hatte bis dato im sozialen oder therapeutischen Bereich wenig Erfahrung, denn vor meinem Studium, im Alter von 21 bis 26 Jahren hatte ich bei IBM als Programmiererin und Systemanalytikerin gearbeitet. Ich hatte also Ahnung im Umgang mit Menschen und Teams und aus meiner Jugend viel Erfahrung mit Gruppen. Aber Aufnahmeinterviews hatte ich noch nie gemacht. Nach und nach merkte ich, wie sehr mir diese Erfahrungen in der neuen Rolle zugute kamen, aber sie waren mir nicht als bewusstes Wissen präsent. So fühlte ich mich in den ersten zwei Jahren oft am Rande der Überforderung; aber in der konkreten Arbeit hat mich die Begeisterung getragen, und so habe ich zum Teil recht unbekümmert Psychodrama gemacht, so gut ich es halt konnte. Und anscheinend war es gar nicht so schlecht, jedenfalls waren die Rückmeldungen weitgehend positiv.

Meine ersten Besuche bei der Mitarbeiterkonferenz in Stuttgart waren nicht einfach. Von einigen wurde ich sehr freundlich aufgenommen, von anderen gepiesackt. Man sagte z. B. zu meinen Vorschlägen: „Du kommst von Ella Mae, das ist ja alles nicht so seriös." Und obwohl ich bei ihr viel gelernt habe, hatte ich plötzlich eine Schere im Kopf und stand bei manchen Arbeiten voller Selbstzweifel neben mir: „So wie Ella Mae darfst Du nicht arbeiten. Das ist zu suggestiv! Das geht nicht." Es war eine schwierige Zeit. Dann gab es eine besonders zugespitzte Situation: Ich leitete jemanden, ging immer mehr ins Doppeln, wurde immer ratloser, hing schließlich neben der Protagonistin fest und wusste nicht mehr weiter. Mir fiel überhaupt nichts mehr ein, ein richtiger Blackout. Aber Rainer war ja da und so habe ich schließlich meinen Bankrott erklärt und ihn gebeten, weiterzumachen.

Im Nachhinein war das aber eine wertvolle Erfahrung. Wir gingen regelmäßig nach Siegen zu Heika in die Supervision und sie hat mich wieder aufgebaut und ermutigt. Sie sah es als eine Stärke, dass ich offen gesagt hatte: „Ich kann nicht mehr weiter." Sie versicherte: „So etwas kann passieren. Dazu seid ihr zu zweit. Du bist in der Co-Leitungsrolle. Du musst nicht alles können." Wir sind aus dieser Supervision herausgekommen und Rainer, der vorher meinte, so etwas dürfe man sich nicht erlauben, sagte: „Ich beneide Dich, dass Du Dich das getraut hast." Das tat unheimlich gut.

G:
Schön, das finde ich klasse.

A:
Heika hat mich überhaupt sehr gefördert, und ich habe in der Supervision bei ihr sehr viel gelernt. Sie hat mir viel bedeutet und obwohl es eine umständliche Fahrerei war von hier (Bonn) nach Siegen, habe ich das richtig gerne gemacht. Trotz Schnee und Glatteis hat es sich gelohnt. Ich habe mich wirklich gefordert und gefördert gefühlt.

Meine Entwicklung zur Psychodramatikerin ging ohne große Vorausplanung immer Schritt für Schritt weiter. Es ergab sich einfach, als hätte mich eine lange Welle erfasst und immer weiter mitgetragen. Ich wollte ja erst einmal nur die Co-Leitung machen, das sollte als Oberstufe gelten; so war es vereinbart. Erst am letzten Wochenende des ersten Jahres rückte Rainer abends beim Griechen mit der Frage heraus, ob ich nicht weitermachen wolle: „Wie ist es denn? Es geht ja ins zweite Jahr. Normalerweise wird die Co-Leitung gewechselt. Aber eigentlich – ich hätte Interesse dran und die Stuttgarter meinen auch –, willst Du nicht das nächste Jahr auch noch machen?" Ich war noch unschlüssig und entschied erst in letzter Minute, dass ich das zweite Jahr auch noch mache. Ja, und die nächste Kölner Gruppe habe ich dann schon selbst geleitet und so habe ich in der Weiterbildungsarbeit richtig Feuer gefangen und nicht mehr viel gezweifelt. Es ging einfach immer weiter, ich musste nur immer wieder „Ja" sagen und bald war ich in Stuttgart eine anerkannte Weiterbildungsleiterin. Und es wurde eine richtig gute Zeit im Stuttgarter Mitarbeiterkreis. Die hat mich sehr geprägt.

Ich war von Anfang an vom Psychodrama begeistert. Nach einem spielerischen Beginn Ende der 60er Jahre hatte ich, mit meiner beginnenden Karriere bei IBM, einen etwas rigiden Weg eingeschlagen. Ich hatte zwar bald das Gefühl: „Das ist es nicht. Da musst Du raus." Aber ich wusste keine Alternative. Ich bin dann ausgestiegen. Klar war mir nur: „Du musst in Deinem Leben etwas sehr anders machen." Ich ließ mich scheiden, habe angefangen zu studieren und wollte eigentlich in die Erwachsenenbildung. Den neuen Diplomstudiengang in Pädagogik fand ich anziehend. Pädagogik hat mich immer interessiert, auch in der Kombination mit Soziologie und Psychologie. Ich dachte manchmal, ich gehe in eine Einrichtung wie die Evangelische Akademie Bad Boll oder Tutzing, deren Arbeit mich beeindruckten. Durch die Ausbildungen in Gesprächstherapie und Psychodrama kam mir die Psychologie näher. Als ich dann mein Vordiplom in Pädagogik hatte, dachte ich: „Psychologie, das wär's eigentlich." Vorher habe ich immer gedacht: „Psychologie? Wozu soll ich das studieren? Therapeutin werden? Ist doch doof." Nun konnte ich aber nicht mehr wechseln, weil mehr als acht Jahre nach meinem Abi vorbei waren, und so gute Schulnoten hatte ich nicht. Man musste damals 1,8 als Schnitt haben, um in Psychologie 'reinzukommen. Also hatte ich keine Chance. So habe ich nach und nach meinen Pädagogikabschluss gemacht, mein Kind groß gezogen und Psychodrama parallel gemacht.

1982 habe ich dann hier die Praxis eröffnet und auch gleich eine Psychodramagruppe aufgebaut. Das war auf- und anregend, längerfristig in einer Selbsterfahrungsgruppe mit der Methode zu arbeiten. 1982 habe ich außerdem Zerka kennen gelernt und war aufs Neue begeistert. „Mein Gott," dachte ich, „ob Du da jemals hinkommst?" 40 Jahre spürbare Psychodramaerfahrung haben mich schwer beeindruckt.

D:
Wir sprachen von Deiner Anfangsbegeisterung. Was macht es aus, dass das Feuer weiter brennt?

A:
Da spielt vieles eine Rolle. Es gab eben nicht nur Anfangszunder, sondern immer wieder gutes Holz. Ella Mae liebe ich in gewisser Weise bis heute. Ich weiß, was ich ihr zu verdanken habe. Durch Ursula Kuypers, Annette Henne und Heika Straub bin ich auf nüchterneres Psychodrama gekommen, auf solides Handwerk, in dem auch die Ratio Platz hat. Das war gutes Holz, um im Bild zu bleiben. Sonst wäre es vielleicht ein Strohfeuer geblieben. Erich Franzke habe ich kennen gelernt und Wolfgang Gerstenberg, als ich auf die Reichenau zum Sommerseminar der Überlinger gefahren bin.

Es war aber weniger eine einzelne Person, die mich begeistert hat, als vielmehr die Erfahrung, dass man mit so viel Zu- und Vertrauen mit Menschen umgehen kann, so vielseitig und auf Gegenseitigkeit beruhend. Ich fand das zutiefst menschlich, im guten Sinne. Psychodrama kann helfen, unsere besten Seiten zum Ausdruck zu bringen, indem wir uns nicht vor den Abgründen scheuen, sondern uns diesen stellen und damit umgehen lernen. Da kann ich idealistisch werden und in Begeisterung kommen. Das treibt mich immer wieder an, selbst nach Phasen der Erschöpfung. Diese Begeisterung, das innere Feuer und die innere Motivation – ich würde es heute auch ungeniert eine religiöse Motivation nennen, jetzt nicht im kirchlichen oder irgendwo gebundenen Sinne, sondern im Sinne von Teilhaben an der Weiterentwicklung, der eigenen und der von anderen Menschen, das spielt sehr ineinander. Das hat mich motiviert, Psychodrama weiterzumachen.

Ich habe sehr großes Vertrauen in Gruppen. Das habe ich mitgebracht – ich komme aus einer großen Familie – und kann das ja im Psychodrama sehr leben und förderlich weitergeben. Trotz mancher Fehlschläge und notwendiger Differenzierungen fand ich das immer wieder bestätigt. Es ist mir ein Quell der Freude, Menschen bei der Entfaltung ihrer Kreativität und ihrer Eigenart zu helfen, auch wenn die eigene Rolle dabei manchmal scheinbar bescheiden ist, weil es das Wichtigste ist, Raum zu geben und nicht zu stören.

Zu Beginn tat das Psychodrama erst einmal mir selbst gut; half mir selbst, mich zu entfalten. Es hat mich dann sehr motiviert, das, was mir selber gut getan hat, bald weiterzugeben. Und dass das klappte, das war einfach toll. Das hält mich bei der Stange, bis in mein jetziges Alter hinein. Ich bin ja jetzt seit über 30 Jahren dabei und kann mir kaum vorstellen, wie mein Leben ohne Psychodrama verlaufen wäre. Die Begegnung hat mein Leben sehr verändert. Dafür bin ich zutiefst dankbar und das motiviert mich. Ich habe mich 1973 auf die Suche gemacht, ohne zu wissen, wonach genau, und habe etwas für mich Wesentliches gefunden.

Das Erste war 1974 die Frauenbewegung, eine ebenfalls einschneidende Begegnung und von großem Einfluss bis heute. Beides lief parallel und hat sich gegenseitig befruchtet. Ich habe im Psychodrama viel über die Geschlechterproblematik begriffen. Ideen aus dem Psychodrama haben wir in unserer Frauengruppe genutzt für Aktionen und Straßentheater. Das war sehr effektiv und machte viel Freude. Ich habe früher gedacht, Erwachsensein heißt Ernst- und Vernünftigsein und sich zusammenreißen. Dass man aber spielerisch auf eine so lebendige Art seine besten Fähigkeiten zusammenbringen kann, das hat mich angefeuert und das finde ich immer noch fabelhaft.

G:
Dieses Lustvolle.

A:
Ja, das Lustvolle. Psychodrama hat für mich etwas Barockes, aus dem Vollen zu schöpfen, auch mal richtig zu übertreiben. Diese Kombination von wirklich tiefer, schwerer Arbeit, wo man sich und anderen etwas zumutet, um dann bei mir wie auch bei anderen zu erleben, wie ganz organisch Humor und Freude bis zu wilder Ausgelassenheit ihren Raum fordern und finden. Es gab schon früh eindrucksvolle Erlebnisse, wie eine Gruppe nach schwerer Arbeit ganz organisch in die Gegenbewegung geht. Eins davon war im Frauenferienhaus hier in der Nähe bei Zülpich. Dort habe ich von 1980–83 Psychodramaseminare zum Thema Aggressionen ange-

boten. Ich habe in diesem Bereich Einiges zu bieten. Ich habe Brüder und früher viel gerauft, auch mit Jungs. Mit Erschrecken und Bedauern habe ich oft festgestellt, wie schwer viele Mädchen und Frauen sich dabei tun. So habe ich Seminare zum Thema „Umgang mit Aggressionen" angeboten. Da natürlich das Pendant dazu „Zärtlichkeit" ist, habe ich dann direkt „Aggression und Zärtlichkeit" zum Thema gemacht.

D:
Wunderbar.

A:
Ja, wunderbar! Aber damit hatte ich mir etwas eingehandelt, was ich nicht erwartet hatte. Als ich zum Seminar kam, wurde ich schon im Büro empfangen mit der Sorge: „Hast Du Dir gut überlegt, was Du da ausgeschrieben hast?" „Wieso?"-„ Warte mal, bis Du die Gruppe siehst." Da waren wirklich Frauen mit sehr, sehr belastenden Geschichten versammelt. Damals waren sexueller Missbrauch und Gewalttraumatisierung noch kein verbreitetes Thema. Aber vieles klang an, manches wurde auch bearbeitbar, aber vor allem wuchsen in der Gruppe tragende Elemente zusammen und trotz aller Schwere und Schwarzem auf der Bühne, das bis an die Grenze des Erträglichen ging, entspann sich anschließend so viel Witz und Humor, dass selbst vorher noch Erstarrte spielerische Momente zulassen und mitlachen konnten. Es hatte etwas von ‚Einer trage des andern Last' ohne falsche Heiligkeit, stattdessen große Ausgelassenheit, Komik und Spielfreude. Es war eine erste Sternstunde, die sich mir eingeprägt hat. Diese Fülle an Lebendigkeit und überbordender Kreativität hat einfach etwas sehr Bestechendes und Heilsames.

Diese Seite des Psychodramas kann sicher auch eine Verführung und Gefahr sein, wenn man nicht gut gegründet ist. Das wird mir über die Jahre immer deutlicher. Die Gefahr ist, dass man zu viel in Gruppen hinein gibt, ohne mitzubekommen, wann man die eigenen Grenzen überschreitet und zuviel Eigensubstanz verbraucht, ohne für Regeneration zu sorgen. Wenn man nicht gut acht gibt – man bekommt natürlich viel narzisstische Bestätigung – und sich verführen lässt, Dinge zu machen, die manchmal über die Kräfte der Gruppe oder auch über die eigenen gehen. Darauf zu achten habe ich erst durch Fehler gelernt. Ich weiß nicht ob und wenn ja, in welchen Ausbildungen man in den siebziger Jahren den geschickten Umgang mit Gegenübertragung und Selbstfürsorge in der Leitungsrolle vermittelt hat. Ich habe es jedenfalls in meinen Ausbildungen nicht gelernt. Das war eher dünn oder ich habe es übersehen. Bei Heika war zum Beispiel schon ein wichtiger Punkt, dass sie gesagt hat, das habe ich bis heute nicht vergessen: „Als Leiterin muss man es genauso ernst nehmen, sich selbst anzuwärmen wie die Gruppe." Das war mir damals völlig neu, denn ich hatte sehr überzeugt (und unreflektiert) die Haltung: „Als Leiterin hast Du zu funktionieren, fertig!" Heika hat ihre Position sehr nachdrücklich vertreten: „Du bist Modell für die Gruppe. Wenn Du streng oder rücksichtslos mit Dir selbst umgehst, kannst Du den Gruppenmitgliedern erzählen, was Du willst, Du bringst ihnen Strenge und überforderndem Umgang mit sich selbst bei. Also tu etwas an Deiner Haltung."

G:
Sehr klar.

A:
Sehr klar, sehr präzise und an der Stelle auch sehr fürsorglich. Es hat mich motiviert, drei Jahre Selbsterfahrung in Bioenergetik zu machen. Eine Zeit lang haben diese Erfahrungen meine Art, Psychodrama zu machen, stark beeinflusst, bis ich sie besser integriert hatte. Mein Mut aber ist gewachsen, mit Ausdrucksformen und Regressionsprozessen umzugehen, die sich überwiegend körperlich äußern. Hilfreich ist mir bis heute, dass ich keine Angst davor habe und weiß, was alles passieren kann, wenn Leute auf eine sehr frühe Stufe regredieren oder sehr stark körperlich (über)reagieren. Im Bewusstsein, wie hilfreich eine entwickelte Körperwahrnehmung ist, mache ich seitdem mit meinen Gruppen jeden Morgen ein körperorientiertes Aufwärm- und Übungsprogramm, das allerdings heute viel ruhiger geworden ist und mehr aus Atemtherapie und sanftem Yoga gespeist ist.

Aber zurück zu Eurer Frage. Die Begeisterung fürs Psychodrama hat sich durch alle Phasen hindurch gehalten oder sogar verstärkt bzw. vertieft. Aber ich bin ruhiger und nicht mehr so missionarisch wie in den Anfängen. Ich kann auch Gutes an anderen Verfahren und die Grenzen des unseren sehen und aushalten. Manchmal habe ich mich auch geschämt, wenn ich Psychodramatiker irgendwo getroffen habe.

G:
Für was?

A:
Für dieses Um-jeden-Preis-agieren müssen, ohne ausreichend nachzudenken. Sachen zu inszenieren, die noch gar nicht richtig klar waren und dann eben leicht daneben sein konnten. Ich fand manches unseriös; eher ein Hauruck-Psychodrama. Bis heute ärgere ich mich, wenn jede Art von Impulsivität mit Spontaneität erklärt wird. Mir war die Unterscheidung

zwischen impulsivem und spontanem Handeln immer sehr wichtig. Seine Affekte nicht aushalten können, bezeichne ich als impulsiv, angemessene Ausdrucksformen finden dagegen als spontan.

In der Konkurrenz mit anderen Verfahren habe ich früher das Psychodrama oft über Gebühr verteidigt. Ich war z. B. über 20 Jahre in einer kollegialen Supervisionsgruppe mit Kollegen und Kolleginnen aus unterschiedlichen Verfahren, Gestalt, Gesprächstherapie, Psychodrama, Psychoanalyse. In den ersten Jahren gab es natürlich immer wieder Rivalitäten und manchmal gar nicht so einfache Auseinandersetzungen. Die Schwierigkeit, das Psychodrama auf einfache oder auch gehobene Art theoretisch zu fassen, hat nicht nur mir oft sehr zu schaffen gemacht und immer wieder, jedenfalls nach außen, einen Rechtfertigungsdruck erzeugt. Zwischendurch habe ich immer wieder einmal überlegt, ob ich noch eine analytische Ausbildung mache und habe mich vor allem für Jungianische Psychologie interessiert. Da es aber hier in der Nähe kein Institut gab, ist diese Idee untergegangen. Aber ich habe viel anderes, auch an tiefenpsychologischer Theorie, angesammelt im Laufe der Zeit, nicht zuletzt durch intensive Zusammenarbeit und Austausch mit KollegInnen aus anderen Verfahren und das hat meine Arbeit auch bereichert.

D:
Es ist doch spannend, dass die Begeisterung immer geblieben ist, dass das Feuer Dir nie ausgegangen ist.

A:
Ja, es ist manchmal kleiner geworden, hat auch mal wild gelodert, aber ausgegangen ist es nie. Mich hat manches nachdenklich gemacht oder auch abgestoßen. Mit manchem mochte ich auch nicht identifiziert werden. Aber es blieb immer mehr als genug übrig. Außerdem hatte ich fast immer ein klares inneres Gefühl: Das ist meins. Ich muss oder kann sicher dies und das und jenes noch dazulernen, assimilieren und integrieren, aber das Psychodrama trägt und umfasst das mit, bietet eine breite Basis, einen großen Rahmen. Und die Frage, „Ist das noch Psychodrama?" beantworte ich so großzügig wie möglich. Es ist etwas mit allen Sinnen und Ansinnen, mit meinen politischen oder spirituellen, meinen ordnungsliebenden wie anarchistischen, meditativen wie ekstatischen Anteilen. Diese Möglichkeit zur Vereinigung bzw. zum Wechselspiel von Gegensätzen fasziniert mich immer wieder. Da muss nichts ausgeschlossen werden. Das hat mich sehr angezogen und war ein guter Kontrast zu der Strenge, die ich als Kind kennen gelernt habe. Ich bin ja sehr katholisch erzogen worden, war auf einem katholischen Mädchengymnasium und bin aus politischen Gründen früh

aus der Kirche ausgetreten. Im Kampf um den §218 wollte ich nichts mehr mit Kirche zu tun haben. Aber eine gewisse Art von Christlichkeit und Humanität sind mir immer wichtig geblieben. Ich erlebe auch immer wieder in der Arbeit mit Gruppen religiöse bzw. andächtige Momente. Am Anfang habe ich mich fast geniert, das auszusprechen. Inzwischen ist es für mich – ausgesprochen oder unausgesprochen – ein wesentliches Moment der Psychodramaarbeit.

D:
Ja.

A:
Jesus' Satz: ‚Da wo zwei oder drei in meinem Namen beisammen sind, da bin ich mitten unter ihnen', der wird Wirklichkeit im Psychodrama. Das macht uns Menschen vielleicht nicht besser, auch die Teilnehmer nicht. Und trotzdem ist ein Funke da und man merkt, der erreicht viele und sie nehmen etwas davon mit. Dafür bin ich total dankbar und es bewegt mich immer wieder sehr. Es geht mir sehr nahe, zu sehen, dass sich ein wesentliches Anliegen, eine gute Haltung für den Umgang mit Menschen zu vermitteln, realisiert. Das empfinde ich als ein wunderbares Geschenk. Am Anfang, als ich mein eigenes Psychodrama Institut „Szenen" gründete, hätte ich gar nicht so genau formulieren können, was mich antreibt. Es dann als Arbeitsergebnis von den „SchülerInnen" rückgemeldet zu bekommen, ist wunderbar. Weiterzugeben, was einem wesentlich ist ohne direkten pädagogisch-strategischen Plan, das finde ich etwas ganz Tolles im Psychodrama, diese Mischung von – als Mutter erlebt man das auch – unheimlich wichtig und schöpferisch zu sein und teilzuhaben am großen Schöpfungsprozess, und gleichzeitig ist man Werkzeug. Das Wichtigste geschieht fast von selbst.

G:
Ja.

A:
Man steht zur Verfügung. Das empfand ich in meiner Schwangerschaft sehr stark, das Erleben: „Mein Gott, Du bist alles und nichts. Du bist der Körper oder die Person, die jetzt im Moment dieses Kind im Bauch hat. Aber ob Du schläfst, ob Du willst oder nicht, das Kind wächst von einem gewissen Punkt an." Ich kann natürlich etwas dafür tun, dass es gedeiht oder nicht so gut gedeiht, aber das Wichtigste geschieht ohne mein Zutun, geschieht auch mit mir. Diese Spanne, als Schöpferin immens wichtig zu

sein und gleichzeitig nivelliert, erfordert, irgendwo dazwischen, eine gute Position zu finden. Diese Notwendigkeit besteht auch in der Leitung von Psychodramagruppen. Es ist sicherlich auch eine persönliche Art von mir: Ich spiele mich gerne auf, aber auch nicht zu sehr. Also diese Mischung ist pures Gold.

G:
Du hast ja dann einen großen Schritt gemacht und ein eigenes Institut gegründet und Dich losgelöst von Stuttgart. Damit hast Du noch mal eine ganz andere Verantwortung bekommen.

A:
Ja, der Schritt war irgendwann reif. Es hat sich, wie die meisten wichtigen Dinge in meinem Leben, einfach so ergeben. Als ich merkte, es geht in Stuttgart nicht mehr, war das zunächst sehr schwer und ich habe mich bemüht, die wachsenden Konflikte zu lösen. Der Mitarbeiterkreis in Stuttgart war für mich lange Jahre beispielhaft. Es hat mich beeindruckt und geprägt, was in guten Zeiten an positiven Umgangsqualitäten dort gepflegt wurde. Auch deshalb schätze ich Heika bis heute sehr. Sie hat den Raum dafür geschaffen und gelassen. Aber ab Ende der 80er Jahre wurden die Konflikte für mich immer größer und irgendwann war klar, ich muss da weg.

Ja, und dann war die Frage: Was jetzt? Die Überlegung, ein eigenes Institut zu gründen, gewann Gestalt, gespeist aus dem Wunsch, weiter Psychodramaausbildung zu machen und dies in einem guten Kollegenkreis. Das gehörte für mich dazu, einen richtig guten, loyalen Kollegenkreis zu haben, in dem man sich auch durchaus Kritisches sagt. Das habe ich als Ideal behalten, beinahe ein Muss als Hintergrund für diese Art von Arbeit, die einen ja als ganze Person fordert. Und so taten Manfred Drücke und ich die ersten und zweiten entscheidenden Schritte, nicht wissend, was alles auf uns zukommt.

G:
Ja?

A:
Sonst hätte ich es vielleicht doch gelassen. Aber so ging es etwas bange, aber voller Schwung los.

D:
Das war vielleicht auch Dein Schutz.

A:
Ja, ich wollte einfach weiter Psychodramatiker ausbilden. Also haben wir angefangen und dann kamen immer mehr Anforderungen dazu.

D:
In welchem Jahr war das?

A:
1991 haben wir SZENEN gegründet, wurden DAGG-Mitglied, haben den Antrag auf Anerkennung bei der Sektion gestellt, und 1992 im März hat hier in Bonn die erste Gruppe angefangen. Das war aufregend und hat sehr viel Freude gemacht, weil plötzlich die Entscheidungswege so kurz waren. Ich hatte ja viel Erfahrung in der Leitung von Ausbildungsgruppen, war als Teilnehmerin in verschiedenen Verfahren und Instituten. So wusste ich ganz gut, was Ausbildungsgruppen gut tut, was man wie lernen kann, wie viel Zeit und Kontinuität wichtig ist. Aus der Supervision von Ausbildungskandidaten verschiedener Institute konnte ich ebenfalls Lehren ziehen. Es war eine Freude, nun eine eigene Ausbildungskonzeption zu entwickeln und auszuprobieren. Darüber ließ sich auch Rainer Bosselmann wieder motivieren, der zwischenzeitlich etwas ausbildungsmüde geworden war.

Es hält lebendig, das Curriculum den jeweiligen Bedingungen möglichst optimal anzupassen. Anfangs haben wir angestrebt, von der Struktur der Ausbildung an Wochenenden wegzukommen. Das ließ sich leider nicht durchhalten. Manche kreativen Lösungen bei SZENEN sind aus Notsituationen entstanden, die uns auf gute Ideen gebracht haben. Sehr motiviert hat die Bestätigung aus dem befreundeten Kollegenkreis. Viel habe ich auch aus meinen Erfahrungen in anderen Lebensbereichen profitiert, z. B. von den Kindern in unserer Wohngemeinschaft, die es sehr gut aufgenommen haben, verschiedene Männer und verschiedene Frauen kennenzulernen, nicht nur die eigenen Eltern. Das habe ich in Ausbildungsgruppen ähnlich eingerichtet, dass sie nicht zu abhängig werden von einer Leitung, sondern Kontinuität haben und Wechsel.

D:
Dass beides gleichzeitig ist.

A:
Dass beides gleichzeitig da ist, Kontinuität mit einem Leitungspaar und verschiedene wiederkehrende Andere. Ein Leitungspaar, das gleichberechtigt auf einer Stufe steht, fand und finde ich außerordentlich wichtig.

Aber schon früh sollen die Gruppen auch andere Leitungsstile erleben, um leichter ihren eigenen Stil zu finden. Nach anfänglichem Meckern haben die Gruppen in der Regel auch sehr positiv darauf reagiert, dass nicht nur erfahrene Stars kamen, sondern gelegentlich auch kaum oder frisch Fertige aus älteren Weiterbildungsgruppen. Sie fanden es sehr ermutigend zu sehen, was man am Ende der Weiterbildungszeit kann oder auch noch nicht kann, und es wirkt trotzdem. So hängt die Latte nicht so hoch.

D und **G:**
Ja, genau.

G:
Und sie erleben, was alles möglich ist. Jede Person bedient ja auch andere Bedürfnisse der Gruppe. Die einen haben ganz viel von der Theorie und die anderen sind eher handlungsorientiert und die werden dann beide bedient.

A:
Ja.

G:
Und dann warst Du ja auch noch mal ganz aktiv in der Berufspolitik.

A:
Ja, das war ich. Auch wenn ich mit einem Stöhnen daran denke. Aber nun, fürs Psychodrama kann ich mich verkämpfen. Meine Motivation erwuchs zum Teil aus Ärger über die Arroganz der etablierten Verfahren und unsere mangelnde Selbstdarstellung. Und es hat mich auch gereizt, eine Zeit lang mitzumischen. Mein damaliger Lebenspartner war in der Berufspolitik sehr aktiv. Dadurch bekam ich viel mit. Ich fand das Psychodrama wichtig und denke nach wie vor, dass man als erwachsener Mensch irgendwo einen politischen Beitrag leisten sollte. Ich war lange in der Bonner Frauenbewegung aktiv und wir haben 1993 eine große Initiative eingefroren, weil wir die Arbeit nicht mehr bewältigen konnten. Also war ein Bereich bei mir offen. So habe ich mich 1994 als Beisitzerin für Berufspolitik in den Vorstand des DFP wählen lassen, allerdings nicht ahnend, was für eine Lawine auf mich zukommen würde. Das konnte aber keiner wissen. Als es 1997/98 in die Endphase mit dem Psychotherapeutengesetz ging, fühlten sich viele mitgerissen und überrollt. Das ist nachher gnadenlos über meine Kräfte gegangen. Aber unterstützt durch die Solidarität anderer Verfah-

rensvertreterInnen in der AGPF habe ich die Fahne des Psychodramas ordentlich schwenken können.

G:
Da habe ich Dich sehr bewundert.
A:
Danke. Ich selbst schätze meine Arbeit und das Erreichte eher ambivalent ein. Ich bin kein Gremienmensch und fragte mich manchmal, ob der Einsatz uns genützt hat. Also wenn ich nicht ein bisschen etwas geerbt hätte, wäre es mir finanziell gar nicht möglich gewesen, denn zeitweilig war ich über Gebühr unterwegs.

D:
Was würdest Du sagen, macht Dich als Psychodramatikerin aus? Was ist Dein Schwerpunkt? Was Dein spezieller Stil?

A:
Schwer zu sagen. Ich glaube, ein großer Schwerpunkt ist mein Vertrauen in Gruppen und die Förderung ihres Wachstums, Spaß an Menschen und ihrer Eigenart und Lebendigkeit, das Körpererleben mit dazu zu nehmen und dass ich gelernt habe, Raum lassen zu können, also einen Raum zu schaffen und zu halten und ihn auch freizugeben. Ich muss nicht alles selber machen. Das habe ich schwer gelernt, aber ich glaube, das hat mich bald ausgezeichnet. Ich glaube, das ist etwas, was mich kennzeichnet: Den Raum für Regression zu öffnen und gleichzeitig nicht aus dem Auge zu verlieren, dass die Teilnehmer erwachsene Profis sind, die in manchen Bereichen mehr auf dem Kasten haben als ich, also mich wichtig zu nehmen, aber nicht übermäßig wichtig. Ich glaube, damit gelingt mir eine gewisse Authentizität. Dazu gehört, dass ich auch gerne schwere Sachen angehen kann, aber auch viel Spaß an der Freud' habe. Es gibt also immer auch viel zu lachen. Gut, ich weiß, das haben andere Psychodramatiker auch. Aber diese Mischung, glaube ich, führt dazu, das ich durchaus etwas Besonderes habe.

Ja, und natürlich eine starke Orientierung auf Geschlechtsrollen. Im Psychodrama gibt es starke Frauen und oft auch positiv untypische Männer. Das war mir immer sehr wichtig. Leider sind oft nicht genügend Männer in einer Gruppe, um so intensiv, wie ich es gerne machen würde, mit dieser Thematik zu arbeiten. Ich bin, glaube ich, für viele Frauen ein wichtiges Modell, und das bin ich gerne, auch wenn es mir manchmal unheimlich war.

G:
Am Schluss interessiert uns noch Deine Zukunftsvision für das Psychodrama

A:
Sich aus der psychotherapeutischen Engführung lösen und die vielfältigen Anwendungsmöglichkeiten von Psycho- und Soziodrama selbstbewusst und mit Freude realisieren und propagieren. Im psychotherapeutischen Bereich haben wir sicher sehr zu kämpfen bzw. behaupten uns hier in Deutschland eher in Nischen. Dabei sehe ich, dass wir sehr viel zu bieten haben. Ich bin sehr ermutigt durch die europäischen Kontakte in der FEPTO und den SZENEN-Nachwuchs, der sehr engagiert dabei ist. Wir brauchen einen langen Atem. Das Psychodrama ist einfach so gut, selbst wenn wir manches verbaseln, es überzeugt. Ich glaube, in den jüngeren Generationen sind welche, die auch Forschungs- und Anerkennungsfragen anders anpacken und es wird weitergehen.

D:
Du denkst an die Anerkennung als psychotherapeutisches Verfahren, oder?

A:
Ehrlich gesagt war ich da immer sehr ambivalent. Wenn ich die staatlichen Anforderungen an Ausbildung sehe, so verschult, möchte ich mich nicht verrenken müssen. Es würde m. E. den Raum zu sehr einschränken, den ich wichtig finde im Psychodrama, den Spiel- und Entwicklungsraum. Für mich muss Psychodrama immer eine Spur von Wahnsinn und Anarchie behalten.

G:
Sehr schön.

A:
So sehr es mich immer wieder ärgert, wie die offizielle therapeutische Landschaft verhaltenstherapeutisch dominiert wird, den spezifischen psychodramatischen Erfahrungsraum sähe ich bei einer staatlichen Anerkennung gefährdet.

D:
Ich glaube, das ist das Ella Mae Erbe.

A:
Auch, aber es ist auch etwas von mir, was in der deutschen Tüchtigkeit manchmal ein bisschen zu kurz kommen könnte ...

D und **G:**
Ja.

A:
Ich finde, es ist kein Widerspruch, sondern die Kunst: Etwas gut Strukturiertes, Verantwortliches zu schaffen, was man gut vertreten kann und trotzdem noch genug Raum für Verrücktheit zu lassen. Das ist die Herausforderung. Und je besser das gelingt, desto mehr lernen m. E. unsere AusbildungsteilnehmerInnen. Ich bin überzeugt, Qualität wird sich durchsetzen auf Dauer. In verzagten Phasen hoffe ich es auch nur. Je mehr gute PsychodramatikerInnen in die Welt gehen und gutes Psychodrama machen, desto mehr wird es überzeugen. Es gibt das Psychodrama schon so lange und ich denke: „Was gut ist, überlebt." Es ist eine Herzenssache.

D:
Ja, stimmt.

A:
Ich habe eher kleine Visionen als große Pläne, wie es weitergehen wird. Ich setze, wie gesagt, viel Vertrauen in die nächsten Psychodramagenerationen. Es ist inspirierend und ermutigend zu sehen, mit welchem Engagement und Einfallsreichtum sie arbeiten. Das ist m. E. zu wenigen zugänglich, da der DFP erst langsam wieder ein Forum wird, hoffentlich. Denn Austausch z. B. in der FEPTO auf europäischer Ebene leistet einen wichtigen motivierenden Beitrag. Wir könnten uns allein schon im deutschsprachigen Raum ganz anders gegenseitig unterstützen, wenn wir Österreich, Schweiz und deutschsprachige Kollegen aus Belgien, Niederlanden und vielen anderen Ländern dazunehmen. Andere realisieren bereits den Austausch über Grenzen hinweg, z. B. die PsychodramatikerInnen des Mittelmeerraums treffen sich regelmäßig.

Die psychotherapeutische Lage ist ja nicht überall so finster wie in Deutschland. Und es gibt bedeutende andere Anwendungsfelder, zum Beispiel im Bereich von Friedens- und Konfliktarbeit. Die Möglichkeiten des Soziodramas werden ja gerade erst etwas offener propagiert und diskutiert. Da gibt es noch viel zu entwickeln und bereits erstaunliche Projekte, weltweit. Denn Psycho- wie Soziodrama schaffen etwas sehr schnell, was immer mehr als Mangel erkannt wird: Verbindung zwischen Menschen, Gemeinschaftserfahrung, Bezogenheit, die Möglichkeit zu erleben, dass ich etwas für mich tue, in dem ich eine Rolle für jemand anderen übernehme, diese Gegenseitigkeit, die Egoismus und Altruismus verbindet. Da gibt es viel zu tun und eine große gesellschaftliche Aufgabe für Psychodramatiker – eine große Vision.

G und **D:**
Agnes, wir bedanken uns ganz herzlich für dieses schöne Gespräch.

Martha Sonntag   Jg. 1924

Martha Sonntag wurde in Schwäbisch Gmünd geboren. Sie legte 1943 in Stuttgart ihr Abitur ab und begann nach Reichsarbeits- und Kriegshilfsdienst im Sommersemester 1944 an der Universität Tübingen mit dem Studium der Katholischen Theologie, das sie 1949 mit dem Diplom abschloss. Es folgten Jahre als Religionslehrerin, Mutter und Hausfrau.

1968 begann Martha Sonntag eine Ausbildung zur Ehe-, Familien- und Lebensberaterin und begegnete in diesem Kontext zum ersten Mal dem Psychodrama. Im Herbst 1968 wurde sie Leiterin einer Psychologischen Beratungsstelle in Tübingen und übte diese Tätigkeit bis zur ihrer Pensionierung im Jahre 1990 aus. Von 1976–81 absolvierte sie die Psychodrama Ausbildung am Moreno-Institut Stuttgart und wurde dort ab 1983 Weiterbildungsleiterin.

Seit 1990 ist Martha Sonntag freiberuflich in der Einzel- und Paarberatung sowie in Supervision und Selbsterfahrungstrainings tätig. In ihrer psychodramatischen Tätigkeit liegt ihr besonderer Schwerpunkt auf der Verbindung von Psychodrama und den biblischen Geschichten.

Wir begegnen Martha Sonntag in ihrer Tübinger Wohnung im November 2005.

„Ich verstehe mich als inneres Sprachrohr des Protagonisten"

G:
Martha, wie bist Du mit dem Psychodrama in Berührung gekommen? Was hat Dich begeistert? Was waren Deine ersten Erfahrungen?

M:
Das kann ich ganz genau sagen. Ich hatte in unserer Diözese Rottenburg-Stuttgart die Ausbildungsleitung der Ehe- Familien- und Lebensberater übernommen. Da gehörte es zum Ausbildungsprogramm, dass man ein gutes Stück Selbsterfahrung macht. Von einem Kollegen hatte ich erfahren, dass es das Psychodrama gibt. Das war für mich ganz neu. In einer Veranstaltung, die ich als Ausbildungskandidatin besuchte, wurde Psychodrama angeboten und ich fand es dermaßen spannend, dass ich daraufhin einen so genannten „Schnupperkurs" besuchte, ein Wochenende mit Heika Straub und Dr. Magda Grube.

Das war 1976, also kurz nach Gründung des Moreno Instituts Stuttgart. Ich fand das ganz toll, diese Art, mit Menschen umzugehen. Das hat mich fasziniert. Ich bin selber auch gerne auf der Bühne gestanden. Und so ist es ja: die Leiter sind mit auf der Bühne, nicht nur die Protagonisten.

Dieses Seminar hat mich so beeindruckt, dass ich die Ausbildung begonnen habe und zwar bei Dr. Manfred Drücke in Heidelberg. Kaum war ich fertig und hatte das Diplom, das war 1981, sagte Heika: „So, und jetzt bildest Du aus."

D:
Das ging aber flott.

M:
Es ging sehr flott. Nun hatte ich natürlich einen gewissen Vorsprung durch meine Erfahrungen als Eheberaterin sowie durch die Ausbildung und durch die Berufspraxis an der Psychologischen Beratungsstelle in Tübingen. Es war für mich also leichter als für andere, die vorher überhaupt

nichts mit Therapie zu tun hatten. So kam es, dass ich viermal hintereinander Weiterbildungsleiterin am Moreno Institut Stuttgart war.

D:
Ich war in Deiner letzten Gruppe.

M:
Ja, Du warst in meiner letzten Gruppe. Nach meiner Pensionierung engagierte ich mich dann in anderen Diözesen, in Osnabrück, Augsburg und München mit psychodramatischer Selbsterfahrung. Ich habe immer Selbsterfahrung mit Psychodrama als Bestandteil der Eheberaterausbildung angeboten.

D:
Wenn Du zurückblickst, was hat Deine Begeisterung ausgemacht?

M:
Erst einmal habe ich gesehen, dass viel in Bewegung gesetzt wird durch die Übernahme von Rollen z. B. im Gruppenspiel. Es gibt ja eine Rückwirkung, wenn man merkt, dass eine Methode ankommt und etwas bewirkt, dann möchte man das Handwerkszeug dazu lernen. So war das auch bei mir. Ich habe mir gedacht: „Ja gut, zu meiner Tätigkeit mit den Klienten, wo ich viel mehr am Hören bin, während man beim Psychodrama mehr am Handeln, am Gestalten ist, passt das." Dann war nachher meine wichtigste Aufgabe, Elemente des Psychodramas in die Beratung so zu übersetzen, dass man sie auch in der Einzel- und Paarberatung einbringen konnte. Ich habe das zusammengebracht und das fand ich gut.

G:
Was wurde durch die Anwendung des Psychodramas in diesem Kontext anders? Kannst Du das beschreiben?

M:
Ja, zum Beispiel, dass man einen Rollentausch mit den anwesenden Partnern machen kann. Dass man die Paare nicht bloß reden lässt, sondern sagt: „Würden Sie doch bitte mal den Platz mit ihrem Mann, mit ihrer Frau wechseln?" Das fängt schon mit der Darstellung der Lebensgeschichte an. Ich habe sehr oft Paarberatungen angefangen mit den Worten: „Ich möchte mehr von Ihrem Hintergrund wissen." Also nicht in der allerersten Beratungsstunde, klar, da ist man dabei, sich die Situation anzuhören: „Um was geht's? Was ist das Problem?" Aber dann macht man einen Plan: Was

wollen wir miteinander? Und wenn es dann losgeht, war das oft meine erste Frage: „Wären Sie bereit, ein bisschen mehr von Ihrer Herkunft, von Ihrem Hintergrund zu erzählen?" Das war für mich einfach wichtig. Und dann habe ich gesagt: „Ich hätte da noch eine kleine Änderung gegenüber dem, wie Sie es vielleicht sonst gewöhnt sind. Würden Sie bitte mal die Plätze tauschen und Frau Meier, sprechen Sie jetzt als Herr Meier und umgekehrt." Es ist verblüffend, was dabei herauskommt.

D:
Die erzählen also die Biographie ihres Partners.

M:
Ja, und zwar in Ich-Form. Ich habe mich natürlich zum Schluss rückversichert beim anderen Partner: „Waren Sie einverstanden mit dieser Darstellung Ihrer Frau oder ihres Mannes?" Die Antwort war oft: „Ja, ich habe gar nicht gewusst, dass Du so viel von mir weißt." Oder auch: „Ach, da hast Du das und jenes vergessen." Oder: „Das war ganz anders." Aus dieser Dynamik des Paares kann man viel ableiten. Das ist sehr interessant.

Dann ist der Einsatz des leeren Stuhls nach wie vor ein ganz wichtiges Mittel. Dass da jemand sitzt, der nicht da ist, aber doch da ist. Und dann gelegentlich auch „Doppeln". Diese Technik muss man natürlich erklären. Du kannst Dich nicht einfach neben wildfremde Leute, die keine Ahnung von Psychodrama haben, stellen und denen was vorflüstern.

G:
Das würde die Klienten verwirren.

M:
Da musst Du erklären, was Du machst: „Nehmen Sie das auf oder lehnen Sie es ab, wenn ich versuche, Sie von innen her zu erfassen. Das nennen wir Doppeln. Ich stehe auf und stelle mich neben Sie."

G:
Das Psychodrama hat also Deine Arbeit bereichert.

M:
Ja, es hat meine Arbeit bereichert. Darüber hinaus war es auch so: Durch meine Tätigkeit an der Beratungsstelle hatte ich den Vorteil, dass ich bei Menschen, von denen ich dachte, dass ihnen eine Gruppe gut tun würde, ich auf das Gruppenangebot an unserer Beratungsstelle aufmerksam ma-

chen konnte. So hatte ich ziemlich früh die Gelegenheit, eigene Klientengruppen zu haben. Das war mein Erfahrungsfeld.

D:
Das waren psychodramatische Selbsterfahrungsgruppen?

M:
Ja, sie haben als Verlängerung des Beratungssettings Selbsterfahrung mit dem Psychodrama gemacht.

G:
Haben Dich manchmal Zweifel gepackt, ob Du das Richtige machst?

M:
Ich habe gesehen, dass es mir leicht fällt, mich auf die Methode einzulassen. Und die Rückmeldungen, dass die Teilnehmer zufrieden waren, haben mich natürlich bestärkt. Die Zweifel, mit Ausbildungsgruppen weiterzumachen, abgesehen vom Alter, sind mir erst gekommen seit die Theorie in der Ausbildungsordnung so kopflastig wurde. Die gruppendynamische und soziometrische Theorie war mir zu umfangreich, um mich da noch mal richtig wissenschaftlich reinzuknien. Aber ich hätte das von mir verlangt, wenn ich weiter in der Ausbildungsleitung geblieben wäre.

D:
In welche Zeit Deines Lebens fällt Deine Psychodrama-Ausbildung?

M:
Ich war 44, als ich die Eheberaterausbildung angefangen habe und ich war noch mal acht Jahre älter, als ich Psychodrama angefangen habe, also mit 52. Aber es war wichtig für mich und ich bin sehr froh, dass ich es gemacht habe.
 Später hatte ich die Möglichkeit, auch mit älteren Menschen zu arbeiten. Die katholische Bundesarbeitsgemeinschaft Beratung hat mich beauftragt, Eheberater in Gruppenarbeit mit Psychodrama auszubilden. Das war eine schöne Zeit, weil diese Menschen durch ihre berufliche Qualifikation gute Voraussetzungen mitbrachten. Wir hatten abgesprochen, dass die Teilnehmer mindestens schon drei Jahre in der Eheberatung tätig gewesen sein sollten, ehe sie diese Gruppenarbeit anfangen. Später haben wir Rückmeldungen bekommen, dass einige das Psychodrama in ihrer Praxis gut anwenden konnten.

G:
Martha, was ist das Spezielle am Psychodrama für Dich?

M:
Da kann ich mit dem guten alten Moreno ganz gut übereinstimmen, dass im Handeln sehr viel mehr passiert als im darüber Reden. Es ist etwas völlig anderes, ob ich über einen Konflikt mit meiner Mutter, meinem Vater oder Chef oder sonst wem rede oder ob ich in die Rolle des Gesprächspartners reingehe. Das ist viel intensiver. Im Rollentausch verstehe ich viel mehr vom andern.

G:
Zur Rolle selbst kommt ja noch der Perspektivenwechsel.

M:
Ja. Oder auch die Lust, mal was auszuprobieren. Ich erinnere mich zum Beispiel, wie wir mal in Würzburg in dem ehrwürdigen Exerzitienhaus, um neue Seiten an uns kennen zu lernen, „Hafenbar" gespielt haben. Das war herrlich. Einfach sich in Rollen hineinphantasieren, die einem gar nicht zugeschrieben sind normalerweise. Das mal auszuprobieren war herrlich. Wir haben viel Spaß gehabt!

D:
Ich glaube, besonders am Psychodrama ist, dass Freude und Leid so nah beieinander sind.

M:
Ja, und was sicher wichtig ist, das wird manchmal vernachlässigt, dass man am Schluss eine wirklich intensive Integrationsrunde durchführt, so dass jeder von denen, die nicht auf der Bühne standen, eine Rückmeldung gibt, was er erlebt hat, was ja dann oft zu einer Reflexion des eigenen Prozesses führt. Ich denke, Moreno hat wirklich eine ganz gute Spur gehabt, von seinem Stegreiftheater her kommend zu merken, wie viel im Spiel herauskommt oder wie viel andere an mir sehen.

G:
Hast Du Moreno kennen gelernt?

M:
Leider nicht. Aber Zerka, seine Frau. Es wurde natürlich viel von ihm erzählt. Und dann war das Psychodrama für mich auch ein bisschen ein Ge-

gengewicht zu meiner Beratungsstelle, die stark psychoanalytisch geprägt war. Ich habe zwar die Grundtendenz des Verständnisses vom Menschen aus der Psychoanalyse beibehalten, aber die Handlungsmöglichkeiten im Psychodrama waren für mich sehr wertvoll. Es wurde eine gute Ergänzung. Natürlich brauche ich ein gewisses Verständnis vom Menschen. Ich kann nicht bloß auf der Bühne irgendetwas darstellen. Ich muss schon wissen, was ich will. Das sage ich auch immer wieder: Jeder, der therapeutisch tätig ist, muss ein Leitbild vom „geglückten" Menschsein haben.

D:
Du arbeitest mit dem Psychodrama auch in der Form des Bibliodramas. Wie bist Du darauf gekommen und was bedeutet das für Dich?

M:
Ich habe theologische Wurzeln und habe mich sehr viel mit der Bibel beschäftigt. Dann wollte ich Exegese und Psychodrama gern zusammenbringen, um jeweils einen Impuls aus der Bibel den Menschen lebendiger zugänglich zu machen. Und das mache ich jetzt seit vierzehn Jahren regelmäßig und habe sehr gute Erfahrungen damit gemacht. Ich arbeite mit Arne Burchartz, einem Theologen und Psychodramatiker, zusammen – wir nehmen eine biblische Szene und setzen sie ins Spiel um. Die Bibel ist ja nicht ein vom Himmel gefallenes Buch, sondern ein Aufschrieb von Situationen und die werden verlebendigt. In der ausgesuchten Szene wählen sich die Teilnehmer ihre Rollen.

D:
Es bietet also ein vertieftes Verständnis von dem, was in einer Geschichte für Konfliktstoffe, für Ambivalenzen sind.

M:
Ja, sicher. Vor allem, weil das Psychodrama mir die Freiheit gibt, etwas mehr Hintergrund zu gestalten. Ich denke zum Beispiel an ein Seminar mit der Geschichte, in der Jesus am Jakobsbrunnen der Samariterin begegnet. Jetzt musste natürlich die Frau aus Samaria, die eigentlich mit keinem fremden Mann reden darf und die Jünger, die dem Jesus verständnislos zugucken, wie der mit einer Frau spricht, gespielt werden. Das reißt Dimensionen auf: Das Verhältnis von Jesus zu den Frauen zum Beispiel.

Auch der Text aus der Weisheitsliteratur ist nicht leicht. Diesen Text muss man erstmal sich selber verständlich machen. „Alles hat seine Zeit, eine Zeit zum Weinen und zum Lachen, eine Zeit zum Hassen und zum

Lieben" usw. Wir haben auch intensiv überlegt, wie wir ihm eine Gestalt geben können. Aber ich denke, es war gut, was dabei herauskam.

D:
Ihr überlegt also immer im Vorfeld, wie man so einem Text Gestalt geben kann, wie man ihn in Handlung, in Spiel umsetzen kann.

M:
Ja, aber nur den Anfang. Ich halte es für unbedingt notwendig, dass man Zeit hat, Erfahrungen sich entwickeln zu lassen. Es ist mir auch von meinem theologischen Studium her wichtig, den exegetischen Hintergrund eines Textes zu erläutern, gleich beim ersten gemeinsamen Lesen des Textes, und ihn nicht bloß zu nehmen wie ein Märchen, das man halt spielt, der Text hat schon eine gewisse reale Substanz.

D:
Wie findet ihr diesen Anfangsschlüssel?

M:
Wie wir den finden? Indem wir uns ganz stark einstellen, innerlich einstellen auf das Thema. Wir fragen uns: „Was ist das für eine Aussage? Was steht in diesem Text?" Dann fragen wir uns, was es für eine Form gibt, die da hinführen könnte und dann steigen wir über ein Gruppenspiel ein.

D:
Das Gruppenspiel als Schlüssel zum Text.

M:
Das Gruppenspiel am ersten Abend hat einmal den Zweck, dass die Gruppe überhaupt ins Spielen kommt und zum anderen, dass jemand, der das Psychodrama noch nicht kennt, sich anwärmen kann, lernt, wie eine Bühne zu betreten ist und sich traut, aus sich heraus zu gehen. Und im weitesten Sinne sollte das Gruppenspiel schon etwas mit der Kernaussage des Textes zu tun haben.

D:
Das heißt aber auch, dass ihr das Gruppenspiel am Anfang jeweils neu erfinden müsst.

M:
Das wird jeweils neu erfunden.

G:
Und den Text, der genommen wird, den legt ihr fest.

M:
Den legen wir fest, weil wir uns ja selber auch darauf vorbereiten und einstellen wollen. Dann gibt es eine Ausschreibung, in der wir die Fragestellung bekannt machen. Die Teilnehmer können den Text vorher nachschlagen. Wir schreiben ein paar Sätze dazu, was wir damit meinen.

D:
Eure Art des Bibliodramas beabsichtigt also, über den Text und das Gruppenspiel an eigene Themen der Teilnehmer heranzukommen.

M:
Ja, natürlich. Ich finde es notwendig, dass es da viel Spielraum gibt.

G:
Ihr bleibt nicht unbedingt eng am biblischen Text.

M:
Nein. Ich denke, es ist sinnvoll und völlig legitim, ein solches Traditionsbuch aufzuschlagen und zu fragen: „Was geht das mich an? Gibt es da etwas, was mich heute noch berührt?" Und damit macht man die Bibel lebendig und zeitnah.

G:
Was glaubst Du, Martha, macht Dich als Psychodramatikerin aus?

M:
Ich möchte, dass der Protagonist sich verstanden fühlt vom Leiter und dass er oder sie in einer bestimmten Richtung, die ihm hoffentlich gut tut, gefördert wird. Ich muss sehen, wo der Protagonist seine Ressourcen hat, um mit seiner alten Last umzugehen. Ich halte es für notwendig, sich alte Konflikte anzuschauen, nicht davonzulaufen, nicht zu verdrängen, sondern sie tatsächlich in Szene zu setzen oder Perspektiven zu überlegen, wie es gehen könnte. Da hat das Psychodrama einfach unendlich viele Möglichkeiten. Jede Therapie muss diese Absicht haben, „therapeuein" ist griechisch und heißt „gut sorgen für.." Ich versuche, jemanden in diesem Prozess zu begleiten.

G:
Würdest Du sagen, dass Dich das ausmacht, diese fürsorgliche Begleitung?

M:
Ja, schon. Klar, ich kann nicht für den Protagonisten handeln und ich kann ihm nichts befehlen, ich halte es für schlecht, Ratschläge zu geben. Sondern der Protagonist soll selber einen Weg finden. Aber ich kann sagen: „Ja, die Richtung ist gut." Ich kann bestärken. Oder ich kann Fragen stellen: „Meinst Du, dass das so in Ordnung ist?" Man kann es ja auch in eine Frageform bringen. Da kommt bei mir, vielleicht durch meine Ausbildung zur Ehe-, Familien- und Lebensberaterin und das, was ich vorher in der Pädagogik gemacht habe, schon eine gewisse Zielrichtung mit ins Spiel, die ich bei meinen Ausbildern nicht so erlebt habe.

D:
Was ist Deine Zielrichtung?

M:
Jeder Mensch möchte irgendwann einmal zu einem geglückten Leben kommen. Geglückt ist was anderes als glücklich. Wenn es stimmig wird, wenn er sich selbst rückwärts schauend versteht: Ich bin so wie ich bin. Da gab es die und die Einflüsse, die kann ich nicht mehr verändern, aber ich kann sie integrieren. Ich kann aus meinen Ressourcen etwas machen. Ich kann manches zurücklassen, was ich nicht ändern kann, dann den Boden, auf dem ich stehe, betrachten und meine Ziele, was will ich. Also eine bewusste Art der Lebensführung, da kann ich begleitend dabei sein.

D:
Und das Psychodrama kann helfen, dass der Mensch, der fragt oder in Therapie ist, das auf eine tiefere Weise erfährt und seinen Weg findet.

M:
Ja, dass man noch mal anschaut: Was war? Was ist eigentlich passiert? Was hat Dich verwundet? Was hat Dir Hoffnung gemacht? Das ist immer wieder ganz wichtig.

Dann ist das Doppeln für mich von großer Bedeutung. Im Doppeln, Du kannst natürlich manipulieren, wenn Du es schlecht machst. Das sollte selbstverständlich nicht sein. Sondern ich muss, und das habe ich Gott sei Dank in der Beratungsarbeit gelernt, mich auf den Klienten bzw. auf den Protagonisten einlassen und dann mit seiner Stimme reden. Jedes Mal, bevor ich anfange zu doppeln, sage ich: „Sie können es aufnehmen oder ablehnen." Ich muss mich vergewissern, ob jemand mitkann. Ich darf nicht zu viel sagen und nicht zu schnell. Es gibt Leute, die die Protagonisten „zudoppeln", das habe ich auch schon erlebt. Man sollte also behutsam mit dem Doppeln umgehen

G:
Mit dem Doppeln behutsam umzugehen, das ist ein wichtiger Aspekt.

M:
Es ist gut, wenn man in der Ausbildung erklärt, dass es verschiedene Arten von Doppeln gibt. Du musst als Leiter wissen, was Du tust und bewirkst. Das halte ich für dringend notwendig. Ich verstehe mich als inneres Sprachrohr des Protagonisten. Ich versuche, seine Stimme laut werden zu lassen.

G:
Hast Du das Gefühl, das Psychodrama hat Dich in Deinem Leben beeinflusst, im Denken oder Handeln?

M:
Ja, weißt Du, wenn Du das machst, was Du gerne machst und Du kriegst die Rückmeldung: „Das war gut. Das hat mir geholfen." Natürlich beeinflusst das mein Leben. Das macht mich glücklich.

D:
Glaubst Du, dass das Psychodrama einen speziellen weiblichen Aspekt hat? Dass es Frauen etwas Besonders zu bieten hat?

M:
Also die Tatsache, dass mehr Frauen als Männer Psychodrama machen, hat allein von der Zahl her schon eine gewisse Wirkung. Es gibt eben mehr Psychodramatikerinnen. Aber ich würde mich wehren zu sagen, das wäre jetzt etwas ausdrücklich Weibliches. Vielleicht ist es möglich, dass sich Frauen leichter auf die Bühne wagen, etwas aus sich rausholen, etwas von sich zu zeigen als Männer. Aber ich habe auf der Bühne auch schon sich öffnende Männer erlebt.

D:
Was könnte es, Deiner Meinung nach, möglicherweise für einen Grund dafür geben, dass es viel mehr Frauen als Männer im Psychodrama gibt?

M:
Es ist möglich, dass Frauen sich in diesem kreativen Milieu des Psychodramas leichter tun. Sich vielleicht auch leichter ausliefern, denn Du lieferst Dich dem Leiter ja schon aus, während vielleicht ein Mann sich nicht so gerne leiten lässt. Aber das sind nur Vermutungen. Vielleicht ist das Autonomiebedürfnis beim Mann durch seine Sozialisation stärker. Das alte Männerideal ist doch eher, autonom sein, selber leiten und selber Chef sein.

G:
Martha, was wünschst Du dem Psychodrama für die Zukunft?

M:
Ich möchte, dass die Moreno-Institute so viel Selbstbewusstsein behalten oder bekommen, dass sie ihre Methode weiterhin anbieten, auch wenn sie auf Grund des Psychotherapeutengesetzes finanziell nicht günstig dastehen. Für mich ist das Psychodrama immer noch eine therapeutische Methode, so, wie es Moreno auch gemeint hat, und es ist natürlich auch sehr gut geeignet, um Situationen zu erhellen. Aber wenn ich jetzt sehe, für welche Bereiche Psychodrama nun angeboten wird und dass das ja doch kommerziell ausgenutzt werden könnte, das ist nicht so meine Sache. Ich komme halt aus der therapeutischen Ecke.

G:
Du wünschst, dass das Psychodrama sich auf seine Heimat besinnt, auf seine Wurzeln?

M:
Auf seine Wurzeln, da wo es herkommt.

G:
Meinst Du, es könnte dem Psychodrama schaden, wenn es zu sehr in den Wirtschaftsbereich geht. Könnte was verloren gehen? Hast Du Befürchtungen?

M:
Ja, dass von vornherein das Ziel klar ist. Verstehst Du? Wenn Du in der Wirtschaft was anbietest, kein Wirtschaftsboss wird Geld hergeben für eine Sache, die nicht indirekt dem Betrieb nützt. Dass da von vornherein festgelegt ist, dass die Leute nachher besser funktionieren sollen. Das finde ich schade.

G:
Es sollte also nicht diese Zielgerichtetheit haben.

M:
Ja. Ich habe mal eine längere Zeit einen Menschen supervidiert, der in der Wirtschaft tätig war, und da ist mir aufgefallen, dass die von vornherein in ihrer Regie gebunden sind an das, was der Betrieb will, den Auftraggeber, der bezahlt. Das finde ich nicht gut. Das ist einseitige Engführung. Wenn der Arbeitgeber aber sagt, wir möchten, dass es unseren Mitarbeitern persönlich gut geht, dann ist ein Mensch auch im Betrieb leistungsfähiger, das finde ich den richtigen Ansatz. Wenn den Mitarbeitern ihre eigenen Konflikte klarer werden, haben sie es nachher auch mit dem Chef leichter. Auf diese einfache Weise kann ich mir das vorstellen, aber nicht umgekehrt, dass ich von vornherein manipuliere in Richtung Betriebserfolg.

D:
Meinst Du, dass das Psychodrama sich nicht vom Aspekt des Geldes und des Bezahlens her leiten lassen sollte?

M:
Ja. Es ist eine Methode, von der ich überzeugt bin. Sie ist gut. Es ist eine Methode, die Spaß macht und Emotionen zulässt. Das halte ich für eine gesunde Sache.

G:
Wunderbar.

D:
Wir danken Dir für dieses schöne Gespräch.

M:
Gern geschehen. Ich habe mich auf Euren Besuch gefreut.

IV. Angesteckt weitergeben

Gabriele Stiegler   Jg. 1951

Gabriele Stiegler wuchs in Mainz am Rhein auf. Sie startete ihr Berufsleben im Alter von 14 Jahren mit einer kaufmännischen Ausbildung bei der Stadt Mainz. Nach einigen Jahren im Protokoll der Staatskanzlei Mainz und der Deutschen Botschaft in Mexico absolvierte sie ihr Abitur am Abendgymnasium Neu-Isenburg und studierte von 1979 bis 1984 an der Freien Universität Berlin Diplom-Psychologie.

Sie besuchte verschiedene Weiterbildungen im psychotherapeutischen Bereich (Gesprächspsychotherapie, Transaktionsanalyse und NLP) und machte die Ausbildung zur Psychodrama-Therapeutin am Moreno Institut Stuttgart, wo sie von 1994 bis 2010 Weiterbildungsleiterin war. Nach dem Studium war ihr Schwerpunkt die Arbeit mit sexuell missbrauchten Kindern und Jugendlichen. Sie wirkte mit beim Start der ersten therapeutischen Einrichtung für missbrauchte Mädchen in Berlin und baute eine Beratungsstelle für sexuell missbrauchte Kinder für die Stadt Wolfsburg auf.

Seit 1994 focussiert Gabriele Stiegler ihre berufliche Tätigkeit im Bereich Erwachsenenbildung. Sie ist als Managementtrainerin, Personalentwicklerin und Coach für verschiedene Firmen in Deutschland tätig.

2003 gründete sie das Psychodramaforum Berlin, in dem sie als Supervisorin (DGSv) und Psychodrama-Weiterbildungsleiterin (DFP/DAGG) tätig ist. Im Frühjahr 2010 wurde das Psychodramaforum Berlin durch die FEPTO (Federation of European Psychodrama Training Organisations) als Weiterbildung-Institut zertifiziert.

Dorothea Ensel spricht mit Gabriele Stiegler im Mai 2009 auf Agistri, Griechenland.

„Ich war sofort Feuer und Flamme"

D:
Gabi, wie kamst Du zum Psychodrama? Erinnerst Du Dich noch, wann das war?

G:
Ja, das war im Oktober 1987, das weiß ich noch ganz genau. Eine Studienkollegin fragte mich: „Hast Du Lust mitzukommen? Ich fahre zu einem Psychodrama-Zulassungsseminar nach Gelnhausen."

D:
Hattest Du vorher schon mal gehört, was Psychodrama ist?

G:
Ich bin im Studium einmal kurz mit Gestalttherapie und Psychodrama in Berührung gekommen, hatte mich aber in dieser Zeit für eine Gesprächspsychotherapie-Ausbildung entschieden. Sie hat mich nicht wirklich überzeugt. Im Nachhinein betrachtet ist die Gesprächspsychotherapie eine gute Grundlage für das Psychodrama, besonders für das Doppeln, doch die Lebendigkeit fehlte mir.

D:
Das war noch im Studium?

G:
Mein Studium an der FU Berlin hatte ich 1985 beendet, die Stellen waren rar. In die Familienhilfe wollte ich nicht, das war für viele Psychologiestudenten der Start in den beruflichen Alltag. So organisierte ich die Pressearbeit der Messe Berlin während der Funkausstellung und anderer Messen. An einigen Abenden bot ich mit einer Studienkollegin im Zentrum für Sexualwissenschaft Gruppen an. Dann machte mich diese Studienkollegin, Gerda, auf das Zulassungsseminar in Gelnhausen aufmerksam. Wir fuhren also gemeinsam von Berlin nach Hessen.
 Mit uns waren 39 Neugierige zusammengekommen, um das Psychodrama kennenzulernen. Agnes Dudler, Rainer Bosselmann und Carl Woerner

leiteten drei parallel laufende Seminare. Ich landete in der Gruppe von Carl Woerner. Seine Leistung und das Psychodrama haben mich sofort begeistert. Meine erste Protagonistenarbeit war wie ein Initiationsritus, ich war wie vom Donner gerührt. Ich war sofort Feuer und Flamme und mir war klar: „Das ist meine Methode".

D:
Wenn Du heute noch mal nachdenkst, was war denn das, was das Feuer ausgemacht hat?

G:
Es war das Spielerische, das Leichte, was mich faszinierte. Wir starteten mit einer Gruppenarbeit, dem Museumsspiel. Jeder suchte sich ein Bild, eine Skulptur aus, die er darstellen wollte. Nach einem Interview des Leiters wussten alle, wer was darstellt und dann wurde es Mitternacht, Geisterstunde und im Museum wurde es lebendig. Die Bilder und Skulpturen begegneten sich, selbst der Heilige Geist war unter uns. Faszinierend war dann die Auswertung, was das alles mit uns und unseren Themen zu tun hatte, was so spielerisch daher kam. Auch meine Protagonistenarbeit, der Rollentausch mit meiner damaligen Kollegin, hat mir die Sicht auf meine eigenen Themen geöffnet. Manchmal fühlte ich mich noch etwas unbeholfen, sperrig, doch ich merkte bereits nach drei Tagen, wie viel bei mir passiert war und wie lebendig ich mich anfühlte.

D:
Und dann hast Du beschlossen, die Ausbildung zu machen?

G:
Ja, das stand schon in Gelnhausen fest. Mein Abschlusssatz beim Zulassungsseminar zu Carl war: „Auch wenn Du mich nicht zulässt, ich weiß, das mache ich. Das ist meine Methode." Ich startete die Ausbildung dann in Gießen bei Rainer Bosselmann, die Berliner Gruppe war bereits belegt.

Mit einem grünen 2 CV, einer Ente, tuckerten Gerda und ich dann einmal im Monat freitags um 7.00 Uhr los über die Transitstrecke nach Gießen, um ab 15.00 Uhr dort Psychodrama zu machen.

D:
Und auf dem langen Rückweg hattet ihr gut Zeit, alles nachzubesprechen?

G:
Ja, da ließen wir das ganze Wochenende noch einmal Revue passieren. Es

hatte auch etwas für sich, nach Hessen zu fahren und dann alles noch einmal durchzusprechen. Dankbar war ich auch über die freundliche Aufnahme und das Gästebett bei einigen Teilnehmerinnen, das hat das Budget entlastet und war sehr herzlich und vertraut.

D:
Das eine ist, warum man etwas anfängt, das andere, weshalb man dabei bleibt. Was hat Dich gehalten?

G:
Im Zulassungsseminar 1987 sprang der Funke über. Im Februar 1988 fing die Grundstufe in Gießen bei Rainer an und 1989 wurde die Gruppe geteilt in Leiter- und Therapeutengruppe. Ich landete wieder bei Carl Woerner, diesmal in Frankfurt und schloss 1992 als Psychodrama-Therapeutin ab.

Ja, was hält mich dabei…? Erstens die Faszination. Mich kann das Psychodrama immer noch überraschen. Man kann nicht mit einer vorgefertigten Idee oder einem vorgefertigten Konzept reingehen, sondern es ist immer wieder eine Herausforderung, sowohl für den Protagonisten als auch für die Leitung, sich einzulassen auf das Momentane, das Hier und Jetzt am Puls der Gruppe. Da zu arbeiten ist meine zweite Faszination.

Außerdem ist das Psychodrama ja auch sehr heiter, das gefällt mir gut. Ich glaube, das entspricht meinem Wesen. Der Satz auf Morenos Grabstein hat es mir angetan: „Moreno war der, der das Lachen in die Psychiatrie gebracht hat." Auch wenn die Themen, die bearbeitet werden, sehr schwer sind, es gibt immer einen psychodramatischen Weg, den ersten Schritt in Richtung Veränderung zu tun. Der Protagonist hat zumindest eine Wahl, die er oft vorher nicht sah. Mich begeistert es, mit dem Psychodrama zu arbeiten und es weiter zu geben.

D:
Wie wir jetzt festgestellt haben, bist Du schon 22 Jahre mit dem Psychodrama beschäftigt. Gab es für Dich bestimmte Etappen und in welchen Anwendungsfeldern hast Du praktiziert?

G:
Die erste Etappe war die Weiterbildung. Und die zweite: Noch während der Grundstufe erhielt ich meine erste feste Anstellung als Diplom-Psychologin in einer stationären Einrichtung für sexuell missbrauchte Mädchen. Diese therapeutische Wohngemeinschaft war ein Berliner Modellprojekt. Andere Städte und Einrichtungen wollten daran partizipieren. Dadurch fing ich an, in Deutschland und Österreich Seminare und Fortbildungen

zum Thema „sexueller Missbrauch" anzubieten. Ich war sehr froh über mein psychodramatisches Handwerkszeug. So konnte ich die Gruppen anwärmen und Rollenspiele in das Seminarkonzept mit einflechten. Speziell das Sharing in den Feedbackrunden verbreitete in den Seminaren eine empathische, verständnisvolle Atmosphäre. Eine weitere Etappe war der Aufbau und die Leitung einer Beratungsstelle für sexuell missbrauchte Kinder und Jugendliche in Wolfsburg. Zweieinhalb Jahre arbeite ich dort als Therapeutin, leitete Selbsterfahrungsgruppen, bildete Erzieherinnen und Lehrer zum Thema weiter, gab Vorlesungen an den Fachhochschulen Braunschweig und Berlin und überall begleitete mich das Psychodrama.

1994 machte ich mich dann selbständig als Psychologische Psychotherapeutin in Berlin und seither arbeite ich in freier Praxis.

D:
Wie kam es, dass Du Psychodrama-Weiterbildungsleiterin wurdest?

G:
Als ich die Ausbildung 1992 beendet hatte, erhielt ich eine Anfrage von Heika Straub, ob ich Lust hätte, nach Dresden zu gehen, um dort Sozialtherapeuten psychodramatisch auszubilden. Klar hatte ich Lust und schon machte ich mit einer Gruppe von 20 Dresdnerinnen und Dresdnern Psychodrama. Das war meine Feuertaufe.

D:
Und das war der Beginn Deiner Karriere als Weiterbildungsleiterin?

G:
Ja, nachdem das mit Dresden gut geklappt hatte, durchlief ich erst die Co-Leitung in Berlin bei Bernd Fichtenhofer und startete dann direkt mit meiner ersten Grundstufe 1993 in Dresden, der eine weitere in Dresden folgte. Dann bildete ich in Hamburg, Braunschweig und Berlin aus.

D:
Und wie kam es dann zu dem, von Dir gegründeten, „Psychodramaforum Berlin"?

G:
„I had a dream", einen Traum von eigenen Räumen, in denen ich mit dem Psychodrama arbeiten kann. Nachdem ich jahrelang mit voll gepackten Taschen herumgereist bin, da und dort arbeitete, hatte ich genaue Vorstellungen und Wünsche, wie die Räume ausschauen sollten. 2004 war es dann

so weit, ich fand die Räume meiner Träume in der Giesebrechtstraße 11, einer Seitenstraße vom Kurfürstendamm. 200 qm, ein großer Gruppenraum, großzügiges Ambiente, ein schön renoviertes altes Haus der Jahrhundertwende – wunderbar – das entsprach genau mein Traum – eine ideale Voraussetzung für die Gründung des Psychodramaforum Berlin. Das Psychodrama hat jetzt einen Platz in Berlin, wo man sich trifft, sich austauscht. Und dann habe ich mir das „Psychodrama im Experiment" von Dir abgeschaut, Dorothea. Du hast es in Stuttgart von Klaus Jensen übernommen und nun findet es auch in Berlin alle 2–3 Monate statt. Das Psychodrama nimmt einen wichtigen Platz in meinem Leben ein.

D:
Du kennst viele verschiedene Stile im Psychodrama, was ist das Besonderes an Deinem Stil? Was ist Dein Schwerpunkt im Psychodrama? Was machst Du am liebsten?

G:
Am allerliebsten arbeite ich pur mit dem Psychodrama. Ich denke, dass eine meiner Qualitäten die humorvolle Konfrontation mit der „Wahrheit" ist. Also wie sage ich jemanden etwas, wie verpacke ich das, wie konfrontiere ich jemand mit seiner eigenen Schwäche oder mit einem kritischen Anteil auf eine annehmbare Art und Weise. Ich liebe auch das internationale Psychodrama, bringe gerne Menschen in Kontakt. Das gelingt uns ja jetzt besonders mit der Athener Weiterbildungsgruppe und den Berlinern. Das ist eine schöne, lustvolle und interessante Arbeit, die wir beide da machen.

D:
Wir haben uns viel mit dem Psychodrama und den Frauen beschäftigt. Du hast mit sexuell missbrauchten Frauen gearbeitet, Du arbeitest heute mit Frauen in Führungspositionen, mit Ausbildungskandidatinnen aller möglichen Altersstufen. Es gibt in unseren Gruppen sehr viele Frauen. Was, glaubst Du, hat das Psychodrama besonders Frauen zu bieten?

G:
Ich kann Dir das bei den missbrauchten Frauen sofort sagen. Das Psychodrama hat da heilenden Charakter, wo es aufdeckt. Es darf darüber geredet werden, es wird sogar gezeigt. Gerade mit solchen tabuisierten Themen ist das Psychodrama erleichternd für die Protagonistinnen. Darüber hinaus hat mich, wie Dich auch, begeistert, dass die Frauen im Psychodrama ihre Foren fanden, ihre Plattform, ihren Auftritt. Das hat mich auch beeindruckt, als wir die Interviews für dieses Buch gemacht haben.

D:
Dass sich Frauen ihre Bühne genommen haben?

G:
Genau. Das hast Du schön gesagt. Dass diese Frauen groß und bekannt werden konnten, das hat mir gut gefallen und mich hoffnungsfroh gestimmt.

D:
Was wünschst Du dem Psychodrama, was wäre aus Deiner Sicht in der psychodramatischen Szene für die nächsten Jahre wichtig? Was soll passieren?

G:
Ich wünsche den Psychodramatikern und dem Verfahren ganz viel Selbstbewusstsein, so dass es noch mehr verbreitet wird. Dass sich Psychodramatiker nicht scheuen, ihre Methode beim Namen zu nennen. Ich weiß ja um die Reaktionen, die allein das Wort Psychodrama auslöst, doch wenn ich es noch verstecke, wird es nicht besser. Ich erlebe, dass ich gerade in der Wirtschaft engagiert werde, weil ich Psychodramatikerin bin. Das Psychodrama steht als Garant für ein lebendiges, kreatives Training. Ich selbst betrachte das Psychodrama als absolutes Geschenk für mein Leben. Und genau diese Geschenk gebe ich gerne an Menschen weiter, die es lernen wollen. Wenn ich dieses Feuer weitergeben kann, bin ich glücklich. Und wenn die Empfänger neugierig werden und das Feuer wieder weiter tragen, dann habe ich um das Psychodrama keine Sorge. Es liegt also in unserer Verantwortung das Psychodrama weiterzugeben, so wie wir es bekommen haben. Und ich denke, das machen wir zwei mit ganz viel Freude und Lust.

D:
Vielen Dank, das war ein wunderschöner Schlusssatz.

Dorothea Ensel   Jg. 1957

Dorothea Ensel wurde am Rhein geboren. Von 1976–83 studierte sie Diplom-Pädagogik an den Universitäten Mainz und Tübingen.

Ihre Psychodramaausbildung machte sie von 1989–94 am Moreno Institut Stuttgart und arbeitet mit dieser Methode seit 1990 in der therapeutischen Arbeit mit suchtmittelabhängigen Frauen und Männern (Schwerpunkt illegale Drogen). Seit über 10 Jahren ist sie auch in freier Praxis (Therapie und Supervision) und seit 2001 als Weiterbildungsleiterin am Moreno Institut Stuttgart tätig.

Im September 2006 begann sie eine Ausbildung zur analytischen Kinder- und Jugendlichen-Psychotherapeutin am C. G. Jung Institut Stuttgart.

Gabriele Stiegler spricht mit Dorothea Ensel im Mai 2009 auf Agistri, Griechenland.

„Frauen nehmen sich ihre Bühne"

G:
Dorothea, wie bist Du zum Psychodrama gekommen?

D:
Das erzähle ich gerne. Ich habe Diplom-Pädagogik studiert und meine erste Stelle nach dem Studium war die der Dienststellenleiterin beim Sozialen Friedensdienst Göppingen. Die 20 Zivis und zwei diakonischen Helferinnen, die dort arbeiteten, versahen ihren Dienst im Fahrdienst behinderter Kinder und in der häuslichen Krankenpflege, dazu kamen zwei hauptamtliche Stellen. Mein Kollege führte die Geschäfte und ich leitete die Dienststelle. Wir arbeiteten sehr kollegial zusammen und hatten uns fünf Fortbildungstage und einen Fortbildungsetat von 450 DM erkämpft. Die einzige Organisation, die damals diese Vorgabe erfüllte, war das Diakonische Werk Württemberg. Also mussten wir uns aus diesem Fortbildungsprogramm etwas heraussuchen. Ich fand da aber nichts. Wie ich so bin, habe ich das ziemlich schnell durchgeblättert, mir war alles zu diakonisch und ich sagte zu meinem Kollegen: „Willi, ich find´ da nichts, ich mache keine Fortbildung." Willi war entsetzt. Er sagte: „Das geht nicht. Wir haben uns das erkämpft. Du musst jetzt eine Fortbildung machen." Dann hat er das ganze Programm durchgeforstet, alle Angebote, die er passabel fand, ausgeschnitten, auf zwei Blätter geklebt und mir hingelegt mit der Aufforderung: „Bitte melde Dich an."

Oben auf lag eine Fortbildung, die hieß: „Handeln ist heilender als Reden (J. L. Moreno)." Eine Zeichnung mit einer Kiste, aus der lauter Handpuppen rausgucken, warb für diese Fortbildung und Willi hatte schon dazugeschrieben: „Das ist doch was für Dich." Und ich fand, er hatte recht.

Ich war damals auf der Suche nach einer Weiterbildung und interessierte mich für den theaterpädagogischen Bereich, da hatte ich schon verschiedene Seminare besucht, das Richtige aber noch nicht gefunden. Unter Psychodrama konnte ich mir nichts vorstellen. Null.

G:
Wer hat das Seminar geleitet?

D:
Sarah Kirchknopf. Sie hat mich zum Psychodrama gebracht.

Im Herbst 1988 fuhr ich also nach Tübingen und habe bei Sarah fünf Tage Psychodrama gemacht. Wir waren eine große Gruppe mit Teilnehmerinnen und Teilnehmern im Alter zwischen 25 und gut über 50 Jahren und ich bin fünf Tage in die Psychodramawelt abgetaucht. Es gab kein Papier, wo irgend etwas draufstand, sondern wir haben fünf Tage lang gespielt, die heißesten und schwierigsten Themen bearbeitet und es gab sehr viel Begegnung, Nähe, Lachen und Weinen. Ich war fasziniert. Ich weiß noch, ich habe alles drum herum vergessen. Als mein damaliger Freund mich nach fünf Tagen abholte, ich erinnere mich genau, noch auf dem Parkplatz, gab es Krach. „Du hast Dich fünf Tage überhaupt nicht gemeldet," meinte er vorwurfsvoll. Er hatte recht. Ich hatte ihn, ehrlich gesagt, völlig vergessen. Ich war in einer anderen Welt.

Danach wusste ich: Das will ich weitermachen. Das tut mir gut. Ich erkundigte mich und erfuhr, dass eine Ausbildung mindestens drei Jahre dauert: 1. Grundstufenjahr, 2. Grundstufenjahr und Oberstufe. Das ließ mich zögern, weil ich nicht wusste, ob ich mich auf eine so lange Zeit verpflichten wollte. Aber dann war die Brücke, dass es hieß, dass man sich nach jedem Jahr entscheiden kann, ob man weitermachen will oder nicht. Das erleichterte mir die Entscheidung.

G:
Was war es, dass Du gesagt hast, das mache ich?

D:
Dieses Eintauchen in meine eigene seelische Welt mit Hilfe der anderen und diese nahe Form der Begegnung mit Menschen, die mir am Anfang fremd und auch zum Teil unsympathisch waren oder vielleicht unsympathisch, weil sie mir fremd waren. Aber nach wenigen Tagen hatte ich das Gefühl, ich verstehe etwas von ihnen. Ich teile etwas mit ihnen. Das, was sie bewegt im Leben, bewegt mich auch. Ja, dieses Abtauchen, das Spielen und sich erleben in Rollen. Aus einer schwierigen Lebenssituation heraus hatte ich schon ein paar Jahre vorher eine Einzeltherapie angefangen und spürte meine eigene Bedürftigkeit. Im Psychodrama erlebte ich jedoch die Selbsterfahrung in der Gruppe. Das war eine neue Dimension und auch eine beängstigende Dimension. „Diese Herausforderung nehme ich an," dachte ich. Ob ich damit beruflich etwas würde anfangen können, war nicht entscheidend.

G:
Bei wem hast Du dann die Ausbildung gestartet?

D:
Das erste Jahr bei Martha Sonntag. Sie war der Segen des Himmels für mich, das kann ich nicht anders sagen. Durch meine Sozialisation war ich ein Gruppenmensch und es war für mich nicht schwer, mich in Gruppen zu bewegen. Aber, mit dem was mich bewegt, was mir unangenehm oder peinlich ist, mit meiner Familiengeschichte etc., mit dem allem mich in einer Gruppe zu zeigen, das habe ich mich nicht getraut. In meiner Ausbildungsgruppe war ich dann auch die letzte Protagonistin von allen auf der Bühne.

Was mich immer fasziniert hat und was gut für mich und meinen Weg war, es gab keinen Druck. Im Gegenteil, es gab Zeit. Ich habe keine Ahnung, wie Martha mich damals sah, was sie sich dachte, aber ich konnte mich hinter Rollen verstecken, musste nicht alles sagen, was ich erlebt hatte. Ich durfte es auch für mich behalten und wenn ich etwas sagen wollte, gab es Platz. Diese Zeit habe ich gebraucht und bekommen.

Darüber hinaus ist Martha ein sehr mütterlicher Typ, liebevoll versorgend und ich habe mich immer sehr gut aufgehoben gefühlt. Wäre jemand sehr schnell sehr konfrontativ gewesen, ich wäre wahrscheinlich weggelaufen. Ich hatte das Gefühl, ich kann mich in meinem Tempo anwärmen. Ich spiele mit, kann mich im Gruppenspiel erleben, das schafft viel Begegnung mit den anderen. So gehe ich meinen Weg und mache viele wertvolle Erfahrungen.

G:
Das hat Dich auch am Psychodrama gehalten?

D:
Ja. Und später auch die Theorie. Das Menschenbild Morenos. Dass er sich so mit Gruppen befasst hat, mit Gesellschaft und Religion. Das sind alles auch meine Themen. Es fasziniert mich, dass er im therapeutischen Kontext über den Einzelnen hinaus geht.

Zudem waren wir eine Ausbildungsgruppe, die von Anbeginn wie Pech und Schwefel zusammenhing. Wir haben uns gestritten und geliebt und nach einem Jahr war sonnenklar: Ich will weitermachen. Ich hatte null Ahnung, was ich beruflich damit anfangen wollte, aber ich wollte mit diesen Menschen diese Selbsterfahrung weitermachen.

G:
Hast Du das zweite Jahr auch bei Martha gemacht?

D:
Nein. Damals hat die Leitung nach dem ersten Jahr gewechselt und Martha hatte von Anbeginn an gesagt, dass wir ihre letzte Ausbildungsgruppe seien. Danach ging sie in Ruhestand. Ich glaube, das war für alle Beteiligten etwas Besonderes. Entweder ich bilde es mir ein oder es war so, ich hatte einfach das Gefühl, Marthas besonderer mütterlicher Segen wurde uns zuteil. Es war die Erfahrung, sehr bedürftig zu sein, ich komme aus einer ganz schwierigen Familiensituation, und trotzdem in Ordnung zu sein und ganz viel Respekt, Unterstützung und mütterliche Liebe zu bekommen. Das rührt mich noch heute, wenn ich es erzähle.

Wichtig in diesem Zusammenhang ist, dass ich einige Jahre zuvor, ganz kurz nach dem Studium, eine Weiterbildung in Transaktionsanalyse gemacht hatte. Da gab es auch viel Selbsterfahrung. Ich fand es auch interessant, aber sehr streng. Irgendwie fühlte ich mich mit meinen Defiziten noch defizitärer. Und nach einem Jahr Transaktionsanalyse war mir klar: Erstens mache ich das nicht weiter und zweitens werde ich nie Therapeutin. Im Psychodrama war das völlig anders und ich finde das nach wie vor faszinierend, dass man dort, oft mit eigentlich ganz wenig Aufwand, so viel erreicht, durch die Gruppe.

Eine zentrale Geschichte, die mir dazu einfällt und die ich nie vergessen werde, ereignete sich gegen Ende unseres ersten Ausbildungsjahres. Wir waren mit der Gruppe ein verlängertes Wochenende auf der schwäbischen Alb und am letzten Tag sagte Martha, dass wir uns etwas von ihr wünschen dürften. Wir wünschten uns ein Märchenspiel: „Der Wolf und die sieben Geißlein". Martha sollte die Geißenmutter sein, der Coleiter der böse Wolf und wir alle, nicht sieben, sondern zwölf oder dreizehn Geißlein.

Das haben wir inszeniert. Es ist schon so lange her, aber ich erinnere es noch haarscharf. Es war wunderbar! Als unsere Geißenmutter in die Stadt ging, nahm sie alle Wünsche entgegen: Eis, Pommes, Haribo, alles war sie bereit mitzubringen. Nachdem der Wolf uns dann gefressen hatte, lagen wir alle unter einer Decke auf dem Boden, ganz nah beieinander. Ich spürte den Atem und den Herzschlag der anderen ganz nah. Sehen konnte man nichts. Dann kam die Geißenmutter nach Hause. Das ist wirklich eine schlimme Situation. Die Geißenmutter kommt nach Hause und alle ihre Kinder sind weg. Wir hörten Marthas Entsetzen. Ich weiß noch, da fingen ich und auch andere an zu weinen. Diese Erfahrung war so besonders und traf mich mitten ins Herz. Die Mutter kommt heim, die Kinder sind weg. Das stellt man sich als Kind ja auch manchmal vor, und du liegst da und hörst die Mutter. Sie ist entsetzt und traurig. Sie vermisst dich. Sie vermisst jedes einzelne ihrer Kinder und ruft nach jedem Kind. Sie ist verzweifelt, kriegt es dann raus, was passiert ist und macht sich auf die Suche. Sie scheut kein Hindernis, um ihre Kinder wieder zu bekommen und als es gelingt, ist sie überglücklich. Diese Erfahrung war für mich so heilend. Sie war ein großes Geschenk. Das ist, nach wie vor, was mich am Psychodrama fasziniert.

Es kostet nichts, wir kaufen nichts, wir geben kein Geld aus, nichts. Wir spielen! Es ist eine ganz einfache Situation, und es werden Erfahrungen und Bilder geschaffen, die heilend sind und die man sein Leben lang nicht vergisst.

G:
Wie ging es mit Deiner Ausbildung weiter?

D:
Die Oberstufe habe ich bei Klaus Jensen in Tübingen gemacht, eine unglaublich gute Ausbildung. Es gab viele heiße und schwere Themen. Klaus hat alle diese Themen mit uns in einer Leichtigkeit, Professionalität und Kollegialität inszeniert, das war toll. Darüber hinaus hat er uns sehr im Leiten ermutigt. Er hat immer gesagt, das weiß ich noch wie heute: „Wie schön, dass dieser Fehler jetzt passiert ist. Das ist wunderbar. Jetzt können wir gleich schauen, was wir daraus machen können." Er war sehr fehlerfreundlich und ich war hochzufrieden. Mit der Zeit habe ich gemerkt, dass ich das Handwerkszeug lerne und dass ich es tatsächlich auch anwenden kann. Mittlerweile hatte ich eine Stelle in der therapeutischen Arbeit mit Drogenabhängigen angetreten. Dort hatte ich das Glück, anderen Psychodramatikern zu begegnen und ein berufliches Feld, in dem es mir möglich war, meine ersten Schritte im psychodramatischen Arbeiten zu gehen.

Und, was ich vorher nie für möglich gehalten hatte, jetzt wollte ich therapeutisch Arbeiten. So wurde ich mit Hilfe des Psychodramas zur Therapeutin. Das Kreative, Spielerische und Intuitive, das habe ich mir zugetraut, während dieses sehr Rationale der Transaktionsanalytiker, dass man immer weiß, in welchem Ich-Zustand man gerade ist und aus welchem Ich-Zustand das Gegenüber gerade reagiert, das ist nicht meine Welt.

Dass Therapie etwas Kreatives ist und Intuition auch ein wichtiges Kriterium der therapeutischen Arbeit, das habe ich von Moreno gelernt. Ich spürte, das kann ich und es macht mir Freude.

G:
Wie bist Du, nach Deiner Ausbildung, zur Weiterbildungsleiterin geworden?

D:
Das hat noch lange gedauert. Zuerst habe ich einige Jahre in der Therapiegruppe mit Drogenabhängigen bei einem Psychodramatiker in der Co-Leitung gearbeitet. Das war ein Riesenglück. Ich konnte einfach zuschauen und habe viel von ihm gelernt, denn am Anfang war ich in der Arbeit mit Patienten noch sehr unsicher. Mein Kollege sagte: „Das macht nichts. Du schaust einfach zu, bis Du Dich traust und dann machst Du es." Und genauso war es. Irgendwann hatte ich eine eigene Gruppe in der Klinik, lauter Männer, und dann habe ich mich selber getraut, Schritt um Schritt. Am Anfang keine großen Sachen, aber kleine und so bin ich in die Arbeit rein gewachsen. Dann bekam ich meine ersten Einzelpatienten und begann, ihnen einen Rollenwechsel vorzuschlagen oder inszenierte kleine Szenen, die sich anboten. So ging es immer weiter ...

Dann, im Herbst 1996, bekam ich einen Anruf vom Moreno Institut Stuttgart von Peter Wertz-Schönhagen, ob ich die Co-Leitung in einer Ausbildungsgruppe bei ihm machen möchte, ich sei ihm empfohlen worden. Wir trafen uns, Peter war mir auf Anhieb sympathisch und ich sagte: „Grundsätzlich kann ich mir das vorstellen, aber ich bin in den nächsten vier Monate nicht da, ich plane mit meiner Freundin schon seit einem dreiviertel Jahr eine große Reise nach Südafrika. Wir haben bei unseren Stellen gekündigt, diese Reise verschiebe ich nicht." Peter entschied sich daraufhin, dass er auf mich wartet. Er verschob alle Gruppentermine um drei Monate. Die Gruppe war stinksauer. Dann kam ich im Frühjahr 1997 aus Südafrika zurück und stieg bei Peter als Co-Leiterin ins zweite Ausbildungsjahr ein. Da war ich sehr aufgeregt, weil ich genau gespürt habe, das ist jetzt ein Sprung von der Arbeit mit Klienten zur Weiterbildungsarbeit. Aber, weiß der Kuckuck, vielleicht von der großen Reise oder von sonst irgendwoher hatte ich Schwung und ich wusste, Peter steht hinter mir. Das war wichtig und es wurde eine klasse Erfahrung.

Die Gruppe war hochskeptisch, weil sie sehr an ihrer Co-Leiterin aus dem ersten Jahr hing und noch ungefragt auf mich warten musste. Aber durch die Arbeit mit den Drogenabhängigen hatte ich Selbstbewusstsein erworben. Ich dachte: „Sie müssen Dich nicht von Anfang an mögen. Ich respektiere ihre Skepsis." Das hatte ich von Klaus gelernt, dass man Zeit geben muss und nachher war es wunderbar. Am Ende der Co-Leitung wusste ich, diese Arbeit möchte ich weiter machen. Ich bekam mehr Einblick ins Moreno Institut Stuttgart und mir wurde schlagartig klar, dass es im Stuttgarter Kontext nicht mehr viele Frauen gab, die in der Weiterbildung tätig waren. Ich aber bin in meiner Ausbildung einem bunten Blumenstrauß von Frauen begegnet, die mich fasziniert haben und die sich alle – wie soll ich sagen – ja, die sich ihre Bühne genommen haben. Das hat mir gefallen.

Für mich waren das, allen voran, Martha und Sarah, dann Mechthild Behrendt in Tübingen, Verena Conze in Grönenbach und Annette Henne in Schaffhausen. Es waren Frauen, die Vorbilder für mich waren, in der Art und Weise, wie sie ihre Weiblichkeit lebten und das mit viel Selbstbewusstsein verbanden. Frauen, die in meinen Augen wussten, was sie wollen und sich trauten, auf die Bühne zu gehen, um „ihr Ding" zu machen. Von ihnen habe ich sehr profitiert und das wollte ich weitergeben. Ich wollte anderen, vielleicht auch jüngeren Frauen zeigen: Ihr könnt auf die Bühne Eures Lebens gehen und sie ausfüllen. Ihr seid die Königinnen in Eurem Leben! Ihr habt die Hauptrolle. Das müsst ihr nicht den Männern überlassen. Dem Mann die Bühne zu bereiten, das können viele Frauen gut, aber selbst die Bühne des eigenen Lebens zu betreten, auszufüllen und sich diesen Platz zu nehmen, das fällt vielen Frauen schwer. Aber genau das habe ich bei meinen „Vorbildfrauen" gesehen und geschätzt. Wir brauchen Vorbilder, die uns ermutigen. Das hatte ich.

G:
Ich erinnere mich noch genau, bei der Mitarbeiterversammlung wurde über Dich gesprochen. Peter hat Dich empfohlen. Wir kannten uns ja schon und ich war auch dafür, dass Du ans Moreno Institut Stuttgart kommst.

D:
Ja, das war schön. Ich bekam einen Anruf, ich weiß gar nicht mehr, von wem, und es hieß, wir haben auf der Mitarbeiterversammlung über Dich gesprochen und finden, Du solltest zu uns kommen. Da war ich natürlich sehr stolz und habe mich gleichzeitig auch am richtigen Platz gefühlt.

2001 habe ich dann meine erste Ausbildungsgruppe angefangen und das war wirklich noch mal ein Sprung. Aber es war auch an der Zeit. Als Co-Leiterin hatte ich immer häufiger eigene Vorstellungen und das dringende Bedürfnis, diese auch umsetzen zu wollen, entwickelt. Ich wollte mein Eigenes machen und das konnte ich dann auch. Das hat mich total glücklich gemacht.

G:
Was wünschst Du dem Psychodrama für die Zukunft?

D:
Für mich ist das Überzeugendste am Psychodrama, was Moreno mit dem Konzept der Begegnung meint. Den Menschen in der Gruppe, mit der ich

arbeite, ermöglichen, sich zu begegnen und sie auf diese Weise als Gruppe stark werden zu lassen, untereinander und nicht so auf die Leitung fixiert zu sein. Dass z. B. in einer Gruppe die eine für die andere die Wunschmutter sein kann, und die andere für die eine die Wunschtochter. Sie können sich gegenseitig Bedürfnisse und Wünsche erfüllen. Das ist Begegnung. Das finde ich großartig. Dafür muss ich als Leitung nicht dauernd im Mittelpunkt stehen. Meine Aufgabe ist es, den Raum zu schaffen und zu halten, der solche Erfahrungen ermöglicht. Und da finden sich dann Menschen, die sich gegenseitig hilfreich sind. Das finde ich so ökonomisch und es entspricht meiner Philosophie. Nicht die Therapeutin ist diejenige, die alles weiß oder die die Lösung für das Lebensproblem, das auf die Bühne kommt, hat, sondern in einer gruppenpsychodramatischen Regie findet die Gruppe, die auf der Bühne spielt, einen guten Weg für den Protagonisten bzw. die Protagonistin. Da helfe ich natürlich mit der einen oder anderen Idee mit, aber das Wesentliche ist, dass die Menschen sich gegenseitig in der Begegnung helfen. Das finde ich das Großartige am Psychodrama.

Ich erlebe es ja auch jetzt in meiner analytischen Ausbildung. Manchmal denke ich: „Wie umständlich!" Wie lange man in einer Analyse braucht, um an Themen heranzukommen, unglaublich, und wie schnell das im Psychodrama, in der Begegnung mit dem anderen, möglich wird. Wie viel die Gruppenmitglieder sich gegenseitig in der spielerischen Begegnung geben können! Dieses Potential liegt in anderen Verfahren brach. Jeder in der Gruppe kann erleben und erfahren, dass er Defizite und Stärken hat, beides nebeneinander. Er oder sie kann eigene Stärken in das Gruppengeschehen hinein geben und die Gruppe kann ihm oder ihr helfen, die Defizite, die Bedürftigkeit oder was auch immer, auszugleichen. Der Einzelne erlebt sich gleichzeitig stark und schwach, gebend und nehmend. Das finde ich genau richtig und adäquat.

G:
Das ist eine wunderbare Fürsprache für das Psychodrama.

D:
Absolut. So ist mein Zukunftswunsch für das Psychodrama eben auch, dass genau diese Qualität ihre Anerkennung in unserem Gesundheitswesen findet und das Psychodrama dort seinen gleichberechtigten Platz neben anderen Verfahren findet, so wie es uns die Österreicher vormachen.

G:
Ich danke Dir ganz herzlich für das wunderbare Interview.

V. Neugierig suchen

Birgit Steinbeck Jg. 1963

Birgit Steinbeck lebt in Berlin. Nach einem zweijährigen Studienaufenthalt in den USA absolvierte sie ein Fachhochschulstudium als Übersetzerin und Dolmetscherin für Englisch im Fachbereich Wirtschaft und Recht. Danach folgten 20 Jahre in der Organisation, Steuerung und Beratung von Großprojekten, davon 10 Jahre als Führungskraft in Unternehmen. Zu ihren Stationen zählen die Leitung der Eröffnungskampagne der neuen Leipziger Messe, Steuerung der Ausstellungsinhalte und Protokollchefin im Deutschen Pavillon EXPO 2000, Projektmanagement und Protokoll in vier Stadien zur Fußball WM 2006. Seit mehreren Jahren arbeitet sie als freiberufliche Beraterin im Organisations- und Projektmanagement im nationalen und internationalen Bereich.

Birgit Steinbeck befindet sich zur Zeit in Ausbildung zur Psychodramatikerin. Sie schreibt uns im September 2006:

Im Jahr 2000 steckte ich im Alter von 38 Jahren in einer persönlichen Krise und wendete mich Hilfe suchend an eine Psychotherapeutin. Bis zu dem Zeitpunkt hatte ich keinerlei Berührungspunkte mit Psychologie oder Therapiemethoden, noch eine Idee über den Ablauf einer Therapie. Eher waren meine Vorstellungen davon mit Vorurteilen belastet.

Aus der Not heraus ließ ich mich zunächst angstvoll auf die Therapie ein und war überrascht, als ich bereits innerhalb der ersten Sitzungen neben dem Gesprächsaustausch und anderen Methoden unter Anleitung der Therapeutin im Rollentausch Erlebnisse und Ereignisse aus meinem Leben nachstellte. Noch überraschter war ich über das jeweilige Ergebnis: da fand Bewegung statt, ich sprengte ganze Käfige in diesen Sitzungen, es gab „Nachbeben" und ich befreite mich sukzessive von meinen inneren Fesseln. Dies neben all der Trauer und dem Schmerz, die mit dem nochmals Erleben von Situationen und Vorkommnissen verbunden waren. Fasziniert hat mich, dass durch diese Methode Themen, Träume und Gedanken einerseits sehr strukturiert und andererseits allen Spielraum belassend angegangen wurden und ich mich zudem durch dieses Vorgehen in meine Bezugspersonen eindenken und mit Phantasie die „Fäden weiterspinnen" konnte.

So bin ich zum Psychodrama gekommen. Meine Therapeutin hat diese Methodik angewandt, wenn der Anlass geboten war; ich selbst fühlte mich dadurch aufgehoben und eng begleitet. Besonders die erzielte Klarheit, die immer Ergebnis der psychodramatischen Arbeit war, hat mich beeindruckt.

Im Verlauf der Therapie befasste ich mich auch außerhalb der Sitzungen mit Psychologie, las viel Literatur dazu und mein Interesse daran war generell geweckt. Ich nahm später bei der selben Therapeutin an einer einjährigen Psychodrama-Selbsterfahrungsgruppe teil, besuchte ein Seminar „Mythen und Märchen im Psychodrama" und war in diesem Jahr Teilnehmerin am Sommerseminar des Moreno Instituts Überlingen zum Thema „Träume im Psychodrama". Dadurch wurde ich mit der Anwendung dieser Methodik in der Gruppe vertraut und meine anfänglichen positiven Erfahrungen aus der Einzeltherapie bestätigten sich auch hier in besonderem Maße. Das Mitspielen, das Sharing und das Rollen-Feedback geben jedem Gruppenmitglied eine besondere Möglichkeit der persönlichen Auseinandersetzung mit den jeweiligen Themen. Darüber hinaus bietet der gesamte Rahmen des Psychodramas Raum für Kreativität, Phantasie und ungeahnte Talente, die in uns allen stecken.

Beruflich befasse ich mich seit nunmehr 20 Jahren mit Projekt-Management, habe unterschiedlichste Veranstaltungen und Projekte mit gesellschaftspolitischer Bedeutung organisiert und begleitet. Gelernt habe ich in dieser Zeit, dass es für ein solches erfolgreiches Management in erster Linie um Kommunikation, das Zusammenspiel von Menschen mit ihren Kompetenzen sowie den fachlichen und persönlichen Bedürfnissen geht. Immer wieder und zunehmend werden für die Begleitung der Prozesse und das Erreichen zielführender Ergebnisse externe Coaches, Organisationsentwickler und Moderatoren hinzugezogen. Gelernt habe ich auch, dass diese Berater nur dann erfolgreich tätig sind, wenn sie mit geeigneten Methoden alle beteiligten Personen, Mitarbeiter usw. in die Problemanalyse und vor allem in die Problemlösung einbinden.

Ich denke, dass das Psychodrama auch in diesem Sektor für viele Berater eine geeignete Methode ist, um Einzelpersonen, Gruppen und Prozesse zu begleiten. Vorstellen kann ich mir, dass durch eine verstärkte Ansprache dieser Zielgruppen das Psychodrama eine breitere Anwendung finden wird.

Nicht zuletzt aus diesem Grund habe ich mich für die Ausbildung „Psychodrama Grundstufe" angemeldet.

Heike Hädrich Jg. 1964

Heike Hädrich lebt und arbeitet in Berlin. Sie ist Diplom-Pädagogin und seit 2006 Psychodramaleiterin (Moreno Institut Stuttgart). Heike Hädrich arbeitet selbständig in den Bereichen ‚Betreutes Einzelwohnen psychisch kranker Menschen', Selbsterfahrungs- und Selbsthilfegruppen sowie Supervision.

Sie schreibt uns im Oktober 2006:

Wie bin ich zum PD gekommen?
Ich wollte unbedingt eine psychotherapeutische Weiterbildung machen. Irgendwann fiel mir im Wartezimmer einer Beratungsstelle ein Programm des Moreno Instituts Stuttgart in die Hände. Während ich auf eine Klientin wartete, las ich darin und bewarb mich wenig später zum Zulassungsseminar.

Dieses Seminar hat mich rundum begeistert. Aber überzeugt hat mich am Ende das Auftreten Morenos selbst. Die Leiterin holte Moreno auf die Bühne (das war der Co-Leiter) und stellte ihn uns vor. Da dachte ich: „Man kann dieses Psychodrama ja überall anwenden, zum Beispiel auch in der Schule." Und ich entschied mich, die Ausbildung zu machen.

Welche Erfahrungen habe ich damit gemacht?
Na, zuerst zwei Jahre Grundstufe. Meine Güte – so viel Selbsterfahrung. Ich habe viel erfahren, viel gewonnen, auch einiges verloren. Viele Kämpfe gab es in der Gruppe. Dann kamen zwei weitere Jahre, die Oberstufe und am Ende stand eine tolle Erkenntnis. Es war in einer Protagonistenarbeit, die eine von uns geleitet hat, wo mir so wichtige Dinge klar wurden. Am Ende blieb nur Dankbarkeit. Das war das Psychodrama. Die Methode und natürlich die Menschen, die sie mir vermittelt haben, haben mich so viel weitergebracht im Leben. Danke, Danke, Danke!

Durch meine eigenen psychodramatischen Leitungen habe ich natürlich auch ganz viele Erfahrung mit der Methode gesammelt. Und ich muss sagen, nur gute. Es gibt auch immer ein paar Skeptiker, aber irgendwie hat es, glaube ich, alle ein Stück weitergebracht. Mir bereitet es immer viel Freude psychodramatisch zu arbeiten.

Was fasziniert mich?
Diese Methode ist lebendig. Es gibt immer einen Aha-Effekt. Manchmal sind es nur ganz kleine Momente, aber es passiert immer etwas.

Ich mag Moreno, das hört sich vielleicht komisch an, aber ich mag ihn richtig gern. Und Zerka mag ich auch, als würde ich sie kennen. Ich verstehe Morenos Sicht auf den Kosmos, das Universum und uns darin, ohne dass ich das jetzt ausführlich erklären möchte. Aber ich fühle ebenso. Mich faszinieren die Menschen, die sich mit dem Psychodrama beschäftigen. Ich habe so liebe Freunde gewonnen, die mir so nahe sind.

Meine Lebensphilosophie, meine Erfahrungen und Dinge, die ich lernen und kennen lernen durfte, passen zum Psychodrama. Das Psychodrama passt zu mir. Manchmal gibt es Zeiten, in denen ich denke, ich werde vielleicht gar nicht szenisch arbeiten, manchmal denke ich, ich will auch gar nicht. Aber wenn ich dann, wie letztes Wochenende meine Selbsterfahrungsgruppe leite, dann weiß ich wieder, wo ich hingehöre und, dass mir das Psychodrama nicht verloren geht.

Meine Zukunftsvisionen fürs Psychodrama?
Ich will damit arbeiten. Ich würde gern mit den KlientInnen, die ich betreue psychodramatisch arbeiten, einzeln und in Gruppen.

Ich wünsche mir, dass das Psychodrama als Therapiemethode anerkannt wird, damit endlich viele Menschen davon profitieren können, auch die, die eben nicht dafür bezahlen können.

Michaela Jung Jg. 1974

Michaela Jung lebt in Asperg bei Stuttgart. Nach dem Abitur wurde sie zunächst Krankenschwester und dann Diplom-Psychologin. Sie ist seit Dezember 2007 Psychodrama-Assistentin (Moreno Institut Stuttgart) und seit Frühjahr 2008 Ausbildungskandidatin am C. G. Jung Institut Stuttgart.

Michaela Jung schreibt uns im März 2008:

Zum Psychodrama bin ich einige Monate nach Beendigung meines Psychologie-Studiums gekommen, als ich auf der Suche nach einer beruflichen Perspektive war. Es war eine schwierige Zeit, in der mir zwar immer mehr klar wurde, was ich nicht wollte, aber die Vision, wohin es gehen könnte, fehlte. Im Studium, das größtenteils wenig mit mir und dem, was mich begeistert, zu tun hatte, hatte ich keine Identität als Psychologin entwickeln können und war entsprechend orientierungslos. Für eine therapeutische Ausbildung, die für die meisten Bereiche, die mich interessierten, Voraussetzung zu sein schien, konnte ich mich nicht entscheiden. Ich wollte eigentlich lieber erst einmal Berufserfahrung sammeln, wusste jedoch nicht wo und wie …

In dieser Zeit begegnete mir ein Mensch, der offensichtlich ein bisschen mehr von mir sah und mir eine Einladung zum Kennenlern- und Zulassungsseminar für die nächste Psychodrama-Grundstufe in Stuttgart schickte. Neugierig geworden und mit der Hoffung auf neue Impulse, jedoch ohne eine Ahnung zu haben, was mich dort erwarten würde, machte ich mich vier Wochen später auf zum Moreno Institut. Was ich an diesem Wochenende erlebte, überzeugte mich so sehr, dass ich mich am Ende direkt für die Ausbildung anmeldete. Mich selbst erleben und etwas Authentisches von mir zeigen, anstatt mich möglichst vorteilhaft darzustellen und zu präsentieren, wie ich es an der Uni erlebt hatte, das war etwas Neues, sehr Lebendiges und Aufregendes.

Erfahrungen mit dem Psychodrama habe ich im Wesentlichen im Rahmen der Selbsterfahrung gemacht. Ich hatte leider noch nicht viel Gelegenheit, selbst damit zu arbeiten. Aber es hat meinen Blick auf die Menschen und die Welt verändert, ich sehe jetzt viel mehr das kreative, schöpferische Potenzial in mir und in anderen und das fließt in alles, was ich tue, mit ein.

Im Psychodrama habe ich nach meinem verkopften Studium endlich wieder Zugang gefunden zu dem, was mich lebendig macht. Erkunden der Seele aus der Erlebnisperspektive statt Analysieren von irgendeiner Metaebene aus.

Ich konnte mich in verschiedensten Rollen erleben und dabei etwas über mich erfahren. Es gab alte, vertraute Rollen, die viel mit meiner Herkunftsfamilie zu tun hatten und neue Rollen, die ich in dieser „neuen Familie" neu entdecken konnte. Rollen, die mich in Kontakt mit meinen Bedürfnissen, Sehnsüchten und Ressourcen brachten. Eine ganz besondere Stellung gewann die „Antirolle", die die Gruppe für mich sehr passend kreierte. Diese hat sich in meinem Abschlussmärchen noch einmal ein wenig gewandelt und ist mittlerweile zu einer Art inneren besten Freundin geworden.

Ich begann mehr und mehr zu vertrauen auf die Weisheit meines Unbewussten, was sich in der Wahl von Rollen und Symbolen manifestierte, die sich im Nachhinein immer erstaunlich sinnvoll deuten ließen. Dabei waren oft die Fragen wichtig, die ich aus den Spielen mitgenommen hatte und auf der Bühne oder auch kurz danach nicht oder nur teilweise beantworten konnte. Eines Tages war dann plötzlich eine Antwort in meinem Kopf.

Eine eindrückliche Erfahrung war für mich, in meinem ersten Protagonistenspiel zurück zum Anfang der Geschichte zu gehen. Von dort aus auf der Bühne etwas zu verändern, hatte bei mir tatsächlich nachhaltige Auswirkungen für mein Leben. Spannend war auch das auf-die-Bühne-Bringen innerer Stimmen. Plötzlich war so viel Leben in einer Situation, in der ich mich eigentlich einsam gefühlt hatte!

Schließlich habe ich auch viel gelernt über Selbst- und Fremdwahrnehmung durch die Auseinandersetzungen in der Gruppe. Ich fand es für mich sehr heilsam, den inneren Rollentausch zu erlernen, um besser differenzieren zu können, was ich bin und was der Andere. Außerdem habe ich in der Gruppe so viel konstruktives Feedback bekommen wie nie zuvor und habe auch gelernt, dieses einzufordern, wenn es für mich wichtig war.

Eine wertvolle Erfahrung war für mich auch, die Macht des kreativen Blicks zu erleben, d. h. dass etwas in mir wachsen kann, wenn jemand meine Ressourcen und Potenziale wahrnimmt. Ich habe den Eindruck, dass das Psychodrama die Fähigkeit fördert, andere mit diesem Blick zu betrachten.

Meine Erfahrungen lassen sich am besten zusammenfassen im Bild einer Flamme, die bei mir angezündet wurde und weitergegeben werden soll. Allerdings habe ich auch die Erfahrung gemacht, dass nicht alle meine Begeisterung in dem Ausmaß teilen konnten. Es war wichtig für mich, dies akzeptieren zu lernen. Je nach Lebenssituation sind vielleicht Methoden, die mehr Distanz ermöglichen, für manche Menschen naheliegender.

Mich fasziniert am Psychodrama, dass es Begegnung ermöglicht, mit mir selbst und mit anderen. Begegnung heißt für mich, mich auf das ganz Andere, sei es schön oder schrecklich, einzulassen und damit mehr ich selbst zu werden. Ich fand es immer sehr beglückend, wenn das auf der Bühne gelungen ist, wenn dort Dialoge zustande kamen, die den Protagonisten Teilen von sich selbst oder Personen aus seinem sozialen Atom näher kommen ließen. Im „richtigen" Leben ist das oft nicht so einfach und da ist es gut, eine Bühne zum Ausprobieren zu haben, auf der man auf so vielfältige Weise unterstützt wird und hinterher auch noch wertvolle Hinweise aus den Feedbacks bekommt. In der Begegnung ergibt sich oft eine Lösung, mit der niemand gerechnet hat.

Faszinierend finde ich auch die Intensität der Erlebnisse auf der psychodramatischen Bühne. Auf der Bühne ist es geschehen, das ich wirklich dort war, wo die Geschichte spielte, mit allen Gefühlen, die dazu gehörten, ob als Protagonistin oder als Hilfs-Ich. Selbst beim Zuschauen spürte ich diesen Effekt. Es war oft spannender als ein Kinofilm. Komplexe Sachverhalte lassen sich in wenigen Bildern und Symbolen ausdrücken, die ihre eigene Sprache sprechen. Bei mir haben diese Bilder oft sehr lange nachgewirkt und noch Wochen und Monate später konnte ich immer noch etwas Neues herauslesen. Schließlich fasziniert mich auch das Potenzial, das in einer psychodramatisch arbeitenden Gruppe liegt. Was da an Gruppendynamik und Teleprozessen wirksam wird, beispielsweise in der Rollenübernahme auf der Bühne und im anschließenden Rollenfeedback, geht weit über die Möglichkeiten der Einzelarbeit hinaus. Zu Gruppen hatte ich vorher ein sehr gespaltenes Verhältnis. Inzwischen kann ich mir sehr gut vorstellen, mit ihnen zu arbeiten, ja, möchte eigentlich längerfristig nicht mehr darauf verzichten. Insgesamt erschließt das Psychodrama meiner Meinung nach ein Universum von Möglichkeiten, das Leben auszudrücken, mit Formen und Träumen zu spielen und das alles mit einfachsten Mitteln.

Ich träume davon, etwas von meinen Psychodrama-Erfahrungen in die Welt zu tragen, sie weiterzugeben und in anderen eine ähnliche Begeisterung zu entflammen. Im Moment weiß ich noch nicht genau, wie und wo, aber ich halte Ausschau nach Gelegenheiten. Wichtig sind dabei natürlich die Kontakte mit Gleichgesinnten, die diese Träume nähren und ein Stück in die Realität bringen helfen.

Meine tiefere Erkundung der Landschaften der Seele möchte ich mit dem Psychodrama verbinden, vielleicht an meine jungianische Ausbildung noch die Oberstufe Psychodrama-Therapie anschließen. Aus diesen Quellen werde ich auf jeden Fall den Rest meines Lebens schöpfen.

Ich betrachte jetzt schon oft mein Umfeld, beispielsweise die psychiatrische Klinik, in der ich gerade ein Praktikum begonnen habe, unter dem Gesichtspunkt, was sich dort für psychodramatische Interventionen bzw. Inszenierungen eignen würde. Vielleicht lässt sich ja das eine oder andere umsetzen ...

Visionen im weiteren Sinne wären, dass die grundlegenden psychodramatischen Methoden eines Tages wie Lesen, Schreiben und Rechnen zu den Basisfertigkeiten gehören, mit denen schon die Kinder in der Schule vertraut gemacht werden. Dass das Psychodrama zu einer bekannten und beliebten, gesellschaftlich anerkannten und durch reichlich fließende Stiftungsgelder unterstützten Methode wird, im therapeutischen wie auch im Bildungs- und Organisationsbereich. Und dass dadurch immer mehr Menschen immer mutiger werden, ihre Träume zu leben und damit zur schöpferischen Gestaltung der Welt beizutragen.

Cathleen Reimann Jg. 1976

Cathleen Reimann wurde in Karl-Marx-Stadt, heute Chemnitz geboren.

Nach einer Beraufsausbildung zur Verwaltungsfachangestellten an der TU Chemnitz machte sie 1997 ihr Fachabitur und studierte an der FH Mittweida Sozialarbeit/Sozialpädagogik. Ihre ersten Berufserfahrungen als Sozialpädagogin sammelte sie ab 2001 an einer Suchtberatungsstelle. Seit 2004 ist sie Projektleiterin der Fachstelle für Suchtprävention der Stadtmission Chemnitz e. V. und im Februar 2009 schloss sie ihre Ausbildung zur Psychodrama-Suchttherapeutin (VDR) am Moreno Institut Stuttgart ab.

Cathleen Reimann schreibt uns im März 2006:

Ein feines Gespür hatte ich schon immer. Als ich noch klein war merkte ich sofort, wenn „etwas in der Luft lag". Egal ob es sich dabei um unterschwellige Konflikte unter Erwachsenen handelte oder ob jemand aus meinem Freundeskreis einen „Herzdrücker" hatte. Ich hatte immer eine Antenne für die Stimmungen der Anderen.

Manchmal empfinde ich es als anstrengend, mit einer solchen Fähigkeit ausgestattet zu sein. Schon oft ist es mir passiert, dass ich in Gesprächen abgelenkt bin, weil ich auf Mimik und Gestik achte, auf Haltungen und nonverbale Signale. Dabei kann ich es nicht einmal richtig steuern. So geht mir gelegentlich der Informationsgehalt des Gesprächs teilweise verloren. Den Satz „Das habe ich dir aber erzählt!" kann ich gar nicht richtig widerlegen, weil es durchaus sein kann, dass mir etwas entgangen ist.

Doch schon oft hat mir meine, nennen wir sie „Intuition" weitergeholfen. Wenn es beispielsweise darum geht, Entscheidungen zu treffen, kann ich im Nachhinein feststellen, dass mein erstes „Bauchgefühl" fast immer richtig war. Und ich bin gut damit beraten, wenn ich es ernst nehme. So hatte ich auch diese Eingebung, als ich das erste Mal mit Psychodrama in Berührung kam. Ich wusste: „Das ist meine Methode!"

Ich besuchte im Frühjahr 2000 im Rahmen meines Sozialpädagogik-Studiums ein Seminar zum Thema „Psychodrama", ohne eine wirkliche Vorstellung, um was es sich hierbei handelte. Dieses Seminar war offen für alle StudentInnen. Unterschiedliche Berufsauffassungen, Lebensverläufe und auch Erfahrungen führten manchmal zu heftigen Kontroversen und unterschwelligen Konkurrenzkämpfen. Gemeinsame Veranstaltungen waren oft mühsam und dem ausgeschriebenen Thema wenig dienlich. Ich bin in der Regel ein ziemlich offener Mensch und lasse die Dinge auf mich zu kommen, so auch an diesem Wochenende. Ich war interessiert, neugierig, ein wenig gespannt sowie dem unbekannten Seminarinhalt gegenüber aufgeschlossen. „Psychodrama" hörte sich vielversprechend an.

Wir begannen mit einer aktionssoziometrischen Aufstellung, die schon einmal das Eis brechen ließ. Aha, es ging also in erster Linie um uns als Menschen an diesem Wochenende und nicht um unsere professionelle Haltung! Wir sollten uns kennen lernen als Frau, Mann, Mutter, Tochter,

Schwester, sozial Arbeitende usw. Dies klappte gut, so gut es an einem solchen Seminarwochenende eben möglich war. Es bestand eine Atmosphäre von Vertrautheit und Akzeptanz und diese hat sicher ganz wesentlich dazu beigetragen, dass eine Studentin ihr privates Thema einbrachte. Sie wollte sich gern von ihrem Vater verabschieden, bei dessen Tod sie nicht anwesend war, worunter sie sehr litt. Ich merkte, wie ich langsam erstarrte, weil ich absolut nicht wusste, wie ich ihr diesen Wunsch hätte erfüllen können. Ich spürte, wie sich eine Schwere in mir breit machte, ich fand das Thema ganz schön heikel. Die Leiterin ließ sich nicht von dieser (meiner) Schwere beeinflussen, d. h., sie griff sie nicht auf. Sie schlug der Protagonistin eine ‚Surplus Reality' vor. Psychodrama ist so nah am Menschen, der ein Problem hat, das ist toll. Die Protagonistin will sich verabschieden? Klarer Fall! Gehen wir es an. Bauen wir ihre Abschiedsszene auf und besetzen die Rollen. Lassen wir die Protagonistin im Rollentausch mit ihrem Vater zu sich sprechen. Es eröffnen sich ihr ganz neue Sichtweisen und das Gefühl, das sie bisher hatte, dass noch etwas offen ist, etwas nicht gesagt ist, kann verändert werden. Diese weitestgehende Klärung des Problems, welche mit Hilfe von Psychodrama herbeigeführt werden kann, finde ich einmalig. So kann der KlientIn tatsächlich geholfen werden. Kein Gefühl von lähmender Schwere und Verharren im schuldbehafteten emotionalen Tief, im Leiden, obwohl die Studentin geweint hatte, bestimmten Gefühle von Erleichterung, Klärung und Befreiung die damalige Gruppenatmosphäre. Ich fühlte mich gut und war ganz bei ihr.

Ja, Psychodrama ist meine Methode! Ich war mir schon damals ganz sicher.

Während meines Studiums erlebte ich noch einmal Psychodrama. Diesmal unter dem Thema Supervision. Eine Studentin schilderte einen Konflikt in ihrer Praxisstelle. Sie befand sich zwischen den Fronten von zweier Mentoren. Auch hier hatte ich zunächst das Gefühl, ein unheimlich verzwicktes Beziehungsgeflecht vor mir zu haben, ohne zu wissen wie dies hätte aufgelöst werden können. Doch mit Psychodrama ist es nicht kompliziert. Obwohl ich in solchen Situationen oft spüre, dass ich zunächst keine Idee habe, wie ich erkunden kann, was möglicherweise hinter einem solchen Konflikt steckt, bin ich dem Psychodrama auch so zugetan, weil durch die Auftragsklärung im psychodramatischen Spaziergang mir ein phänomenales Hilfsmittel zur Verfügung steht, um zunächst Klarheit und Struktur in das Thema des Protagonisten zu bringen. So kann ich leichter Ideen entwickeln, was bearbeitet werden könnte. Und ich kann Themen abgrenzen, die es vielleicht später zu klären gilt.

Zurück zur Studentin. Die Leiterin klärte mit ihr zunächst im ‚psychodramatischen Spaziergang' den Auftrag. Ich kann mich noch erinnern, dass die Dielen beim Laufen knarrten und eine Studentin aus dem Publikum fragte, ob es möglich sei, dass die beiden einfach stehen blieben. Die Leiterin verneinte und erklärte uns später weshalb. Ihr authentisches, souveränes Auftreten bildete die Basis für das Zutrauen der Protagonistin. Durch ihr bestimmtes „Nein" vermittelte sie der Protagonistin besonders in diesem Moment Stabilität und zeigte ihr, dass sie bei ihr sicher aufgehoben ist. Nachdem eine konkrete Situation herausgearbeitet war, sollte die Protagonistin die Szene aufbauen und die Rollen besetzen. Ich empfand die Vorgehensweise so klar und logisch und war ganz bei der Protagonistin. Es stellte sich heraus, dass der Konflikt nicht in ihrer Person begründet war, sondern dass sie lediglich Projektionsfläche der Streitigkeiten ihrer beiden Mentoren war. Ich war verblüfft über dieses Ergebnis. Auch die Protagonistin war erstaunt und ziemlich erleichtert.

Aus damaliger Sicht war es noch ein weiter Weg für mich, selbst Psychodramatikerin zu werden. So musste ich doch erst einmal mein Studium beenden, einen Job finden und mein 25. Lebensjahr vollenden. Es ist sicher gut so, noch ein wenig Lebens- und Berufserfahrung zu sammeln, bevor man mit der Ausbildung beginnen kann.

Nach meinem Studium bekam ich eine Stelle in einer Suchtberatungsstelle, zunächst halbtags, später in Vollzeit. Es war immer mein Wunsch, in dieses Tätigkeitsfeld einzusteigen und ich ging hoch motiviert an die Arbeit, wie die meisten, die von der Hochschule kommen. Ich kam gut zurecht mit der Klientel, meinen KollegInnen und beruflichen PartnerInnen. Ab und zu kam mir der Gedanke, dass es vielleicht ein Problem werden könnte, dass ich doch relativ jung bin und mit KlientInnen arbeite, die manchmal doppelt so alt oder noch älter waren als ich. Doch diese Befürchtung bestätigte sich nicht. Im Gegenteil. Ich hatte vorwiegend den Eindruck, dass die KlientInnen sich von mir verstanden und angenommen fühlten und mir vertrauen.

Und doch kam ich in Gesprächssituationen oft an einen Punkt, an dem ich nicht mehr weiter wusste. Ich konnte die Situation der KlientInnen gut nachvollziehen, ergründete, wie sie sich bereits selbst versucht hatten zu helfen, versuchte ihre Ressourcen zu stärken. Meist erarbeiteten wir schließlich gemeinsam eine Strategie, wie es weiter gehen konnte. Darüber zu sprechen war den meisten bereits enorm hilfreich. Doch ich war oft unzufrieden. Mir fehlte etwas. Es ging mir manchmal nicht tief genug und ich hatte das Gefühl, die KlientIn nicht wirklich erreicht zu haben.

Ich hätte gern hier und da die verbal rationale Ebene verlassen und wäre mehr in die Aktion und in das zu Grunde liegende Gefühl gegangen. Doch ich wusste nicht so recht wie, wollte ich doch auch nichts falsch machen. KlientInnen, die die verbal rationale Ebene verließen und beispielsweise weinten, konnten sich auf alle Fälle meines Mitgefühls und Verständnisses sicher sein. Aus diesen Situationen kenne ich die Schwere, die sich ausbreitet und eine Unfähigkeit zum Handeln mit sich bringt. Hier besteht so eine große Gefahr, dass die Hilflosigkeit verfestigt wird. Und besonders ich, bin ich doch mit meinen feinen Antennen dafür prädestiniert, unterliege der Gefahr, mich von der Schwere anstecken zu lassen. Nein! – diese Hilflosigkeit wollte ich ändern.

Erst im Psychodrama erlebte ich, wie mit dieser Belastung umgegangen werden kann. Nicht deren Verstärkung ist der Punkt, sondern das Wegkommen davon. Logisch! Wir können uns einfach mal anschauen, was dem Protagonisten jetzt durch den Kopf geht. Will er das? Zunächst muss ich den Auftrag klären, doch ich kann immerhin ein Angebot machen und das ist ein bestärkendes Gefühl. Ich habe mit Psychodrama ein wunderbares Equipment. Wir können uns alles anschauen, egal ob es sich um Personen, Tiere, Gefühle, Symbole, Sätze, Visionen oder auch Gegenstände handelt. Nichts ist unmöglich. Oder möchte sich der Protagonist vielleicht einen Wunsch erfüllen? Auch das ist möglich. Es ist ein tolles Gefühl, als Helfer eine funktionierende und wirksame Methode zur Verfügung zu haben.

In der Suchtkrankenhilfe ist durch den Rentenversicherungsträger vorgegeben, dass jede MitarbeiterIn eine therapeutische Zusatzausbildung zu absolvieren hat. Es sind nicht alle Therapieverfahren anerkannt, doch Psychodrama ist es. Welch ein Glück! So kann ich das Angenehme mit dem Nützlichen verbinden. Ich begann 2005 endlich mit meiner Grundstufen-Ausbildung in Berlin.
Wie gut mir diese Zeit getan hat, habe ich erst gegen Ende so wirklich gemerkt.

Für die Zukunft wünsche ich mir, dass ich meine Ausbildung zur Psychodrama-Suchttherapeutin erfolgreich abschließen und sie natürlich in der praktischen Arbeit anwenden kann. Gerade in der Arbeit mit Sucht-KlientInnen ist Psychodrama *die* Methode.
Ein beruflicher Traum von mir ist ein Suchtberatungs- und Behandlungszentrum, in dem von der primärpräventiven bis zur Nachsorgearbeit Angebote bestehen. Sowohl in der Arbeit mit Multiplikatoren, als auch in der Beratungstätigkeit mit Betroffenen, im therapeutischen Setting, in der

Arbeit mit Selbsthilfegruppen und in der Nachsorge – überall kann Psychodrama wunderbar eingesetzt werden. Wer weiß, was das Leben noch so bringt ...

Meins hat mit Sicherheit mit Psychodrama zu tun.

Stefanie Artelt   Jg. 1982

Stefanie Artelt ist Diplom-Sozialpädagogin (FH) und lebt in Stuttgart. Sie begann ihre berufliche Laufbahn im Amt für Bewährungshilfe und arbeitet zur Zeit als Einzel- und Gruppentherapeutin an einer Fachklinik für drogenabhängigen Frauen und Männer im Bereich Mittelzeittherapie. Derzeit befindet sie sich im ersten Psychodrama-Ausbildungsjahr am Moreno Institut Stuttgart.

Stefanie Artelt schreibt uns im Mai 2010:

Das Psychodrama ist mir auf verschlungenen Pfaden zum ersten Mal in Person meiner Supervisorin begegnet. Das war 2004 im Rahmen einer geplanten Gruppensupervision an der Hochschule. Die Supervision kam damals nicht bei ihr, sondern bei einem anderen Supervisor zustande. Als ich aber drei Jahre später im Rahmen meiner damaligen Arbeit bei der Bewährungshilfe Einzelsupervision in Anspruch nehmen wollte, erinnerte ich mich wieder an sie, die trotz der nur kurzen Begegnung einen bleibenden, sehr positiven Eindruck bei mir hinterlassen hatte. Während der ersten Supervisionsstunden bei ihr lernte ich das Psychodrama als für mich sehr hilfreich, emotional berührend und effizient kennen. Diese eigene Erfahrung war für mich Ausschlag gebend, mich näher damit zu befassen.

Meine Erfahrungen mit dem Psychodrama sind noch nicht so umfangreich und sie sollen wachsen. Letztes Jahr habe ich einen ersten Kurs am Moreno Institut Stuttgart belegt, der professionelles Leiten in Gruppen und Teams zum Inhalt hatte. Da habe ich angefangen, vorsichtig erste kleine Vignetten, wie zum Beispiel die Arbeit mit dem leeren Stuhl, in meine eigene Arbeit einzubauen. Bei den ersten Versuchen war ich noch ziemlich unsicher und hatte Sorge, zu weit zu gehen. Ich stellte aber rasch fest, dass meine KlientInnen sehr begeistert waren von diesen methodischen Ausflügen. Als ich dann Anfang 2010 meinen Arbeitsplatz wechselte war klar, dass ich berufsbegleitend eine suchttherapeutische Ausbildung absolvieren muss. Aufgrund meiner Erfahrungen wollte ich eine Psychodramaausbildung am Moreno Institut beginnen. Mittlerweile neigt sich das erste Ausbildungsjahr dem Ende zu und von den Wochenendseminaren bringe ich immer neue Eindrücke und Anregungen für meine tägliche Arbeit mit, die ich regelmäßiger umsetze.

Am Psychodrama fasziniert mich der Zauber, der dieser Methode innewohnt: der kindlich verspielte und neugierig fragende Zugang selbst zu schwierigsten Themen. Die Leichtigkeit, mit der scheinbar verworrene Zusammenhänge auf der psychodramatischen Bühne einen Rahmen bekommen, dargestellt und neu geordnet werden können. Dadurch wird quasi eine weitere Dimension erschaffen, die den Umgang mit vielen Inhalten erleichtert. Gleichzeitig begeistert mich der Verzicht auf ein zuschreibendes „so ist es" zugunsten eines erkundenden Zugangs, bei dem PsychodramaleiterIn und KlientIn gemeinsam erkunden, „was der Fall ist". Gleichzeitig gefällt mir, wie variabel das Psychodrama ist. Es ist sowohl geeignet für Einzelgespräche als auch für Themenbearbeitung in Großgruppen. Das Psychodrama wächst quasi mit den jeweiligen Ansprüchen. Das finde ich genial.

Bei meiner täglichen Arbeit ermöglicht es mir einen besonderen Zugang zu meinen Klienten und ihren Themen. Wenn die erste Scheu überwunden ist („Muss ich jetzt mit Tieren spielen?") sind die allermeisten total angetan von dieser Art und Weise, sich mit Themen auseinanderzusetzen. Besonders bei Menschen, die sich schwer tun, Dinge in Worte zu fassen, bei Konflikten, die sich scheinbar im Kreis drehen sowie bei Bagatellisierungstendenzen erlebe ich das Psychodrama als heilsam und hilfreich. Durch den psychodramatischen Zugang wird häufig eine ehrlichere und tiefere Auseinandersetzung möglich. Mein Eindruck ist, dass die besondere Art von Aufmerksamkeit und Fokussierung, die durch die Anwendung psychodramatischer Techniken und Arrangements zum Ausdruck kommt, den allermeisten Menschen gut tut.

Ich wünsche dem Psychodrama eine stetige Weiterentwicklung und ein Weitergetragen-werden in künftige Generationen.

Im globalen Kontext fände ich es wünschenswert, wenn die methodischen Ansätze des Psychodramas beispielsweise bei schwierigen politischen Entscheidungsprozessen Eingang finden würden. Wahrscheinlich ist eine solche Denkweise utopisch. Ich fände diesen reflektierten Umgang mit Entscheidungsprozessen aber allemal vernünftig.

Danksagung

Sehr herzlich möchten wir uns bei allen unseren Gesprächspartnerinnen und allen denjenigen, die uns geschrieben haben, bedanken, ohne deren Mitarbeit dieses Buch niemals hätte entstehen können.

Darüber hinaus gilt unser Dank:

Frau Dr. Ulrike Fangauf, Hofheim am Taunus, für erstklassige redaktionelle und moralische Unterstützung und Ermutigung, Frau Andrea Spans, Kleve für die Transkription der Texte, Frau Juliane Abel, Berlin für die kreativen Ideen bei der Entwicklung des Schutzumschlags, Herrn Marcus Veeser, Mögglingen für unermüdliche Hilfe bei Computerfragen, Frau Jeanette Randerath, Stuttgart für erste Tipps bezogen auf das Lektorat und Herrn Jojo Winkler, Reutlingen für Übersetzungshilfen aus dem Englischen.

Psychodrama-Institute in Deutschland

Deutscher Fachverband für Psychodrama e. V. (DFP)
Alte Heerstraße 15 b
38644 Goslar
Tel.: 05321/3193-25
Fax: 05321/3193-93
info@psychodrama-deutschland.de
www.psychodrama-deutschland.de

Moreno-Institut Stuttgart, *gegr. von Prof. Heika Straub*
Winfried Jancovius
Gebelsbergstraße 9
70199 Stuttgart
mail@morenoinstitut.de
www.morenoinstitut.de

Moreno-Institiut Goslar-Überlingen,
als Moreno-Institut Überlingen gegr. von Dr. G. A. Leutz
Hans-Werner Laufhütte, Jürgen Rabold, Helmut Schwehm
Alte Heerstraße 15 b
38644 Goslar
info@moreno-goslar-ueberlingen.de
www.moreno-goslar-ueberlingen.de

Psychodrama Institut Szenen
Agnes Dudler
Meckenheimer Allee 131
53115 Bonn
SZENEN@gmx.de
www.szenen-institut.de

Psychodrama-Institut für Europa, *gegr. von Ildikó Mävers*
Geschaeftsstelle
c/o Julia Pischetsrieder
Ordulfstraße 15
22459 Hamburg
Tel.: 040-74 32 16 42
geschaeftsstelle@psychodramainstitut.de
www.psychodramainstitut.de

Institut für Soziale Interaktion ISI
Paul Gerhard Grapentin
Bei der Christuskirche 4
20259 Hamburg
Tel.: 040-43 18 04 77
Fax.: 040-87 88 17 22
service@isi-hamburg.org
www.isi-hamburg.org

Psychodrama Institut Rheinland
Ernst Diebels
Märkische Str. 8
42281 Wuppertal
Tel.: 0202 252640
Fax: 0202 2526430
info@psychodrama-institut-rheinland.de
www.psychodrama-institut-rheinland.de

Institut für Psychodrama *Dr. Ella Mae Shearon*
Bernadette Buthe & Thomas Masselink GbR
In der Rehr 12
31832 Springe
Tel: 05045 911887
Fax: 012120-286676
info@psychodrama-ems.de
http://www.psychodrama-ems.de

Institut für Soziogenetik, Psychodrama und
Gruppentherapie Bad Zwesten
Dr. Uwe Seeger
Hardtstraße 3
34596 Bad Zwesten
Telefon Kassel: 0561-5201764
Telefon Bad Zwesten: 05626-9220066
institut@uwe-seeger.de
www.uwe-seeger.de

Im Anerkennungsverfahren:
Psychodrama Forum Berlin
Gabriele Stiegler
Giesebrechtstr. 11
10629 Berlin
Tel.: 030/88917956
stiegler@psychodramaforum.de
www.psychodramaforum.de

ZPS – Zeitschrift für Psychodrama und Soziometrie

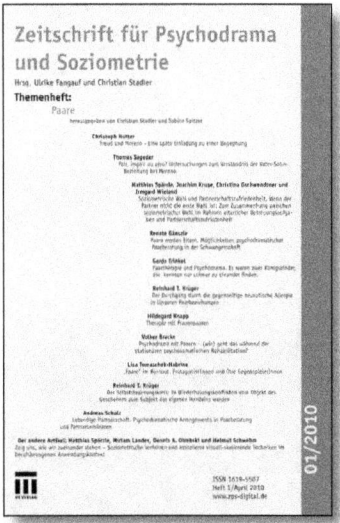

In der *Zeitschrift für Psychodrama und Soziometrie (ZPS)* werden theoretische und praxisbezogene Beiträge veröffentlicht, die der Breite der psychodramatischen Methode entsprechen.

Die Herausgeber suchen gemeinsam mit den Autoren die Auseinandersetzung mit psychodramatischen Konzepten. Die Autoren stellen psychodramatische, soziodramatische und soziometrische Herangehensweisen in unterschiedlichen Berufsfeldern vor und entwickeln sie weiter.

Die Zeitschrift will zu Forschung anregen und den Austausch unter Psychodramatikern im deutschen und internationalen Raum fördern.

8. Jahrgang 2010 – 2 Hefte jährlich

www.zps-digital.de

Abonnieren Sie gleich!
vs@abo-service.info
Tel: 0611. 7878151 · Fax: 0611. 7878423

Erhältlich im Buchhandel oder beim Verlag.
Änderungen vorbehalten. Stand: Juli 2010.

VS-JOURNALS.DE

Abraham-Lincoln-Straße 46
65189 Wiesbaden
Tel. 0611. 7878 - 722
Fax 0611. 7878 - 400

GPSR Compliance

The European Union's (EU) General Product Safety Regulation (GPSR) is a set of rules that requires consumer products to be safe and our obligations to ensure this.

If you have any concerns about our products, you can contact us on

ProductSafety@springernature.com

In case Publisher is established outside the EU, the EU authorized representative is:

Springer Nature Customer Service Center GmbH
Europaplatz 3
69115 Heidelberg, Germany

www.ingramcontent.com/pod-product-compliance
Lightning Source LLC
LaVergne TN
LVHW010342260326
834688LV00036B/833